EXCELLENT
SALESMEN
KNOW HOW TO COMPETE

[会抢单，是一种执着、隐忍和顽强
会抢单，是一种拼搏、智慧与果断]

销售就要会抢单

志　朝◎著

成都时代出版社
CHENGDU TIMES PRESS

图书在版编目（CIP）数据

销售就要会抢单 / 志朝著. -- 成都:成都时代出版社, 2018.1
ISBN 978-7-5464-1943-5

Ⅰ.①销… Ⅱ.①志… Ⅲ.①销售策略
Ⅳ.①F713.3

中国版本图书馆 CIP 数据核字(2017)第 250076 号

销售就要会抢单
XIAOSHOU JIU YAOHUI QIANGDAN
志朝 著

出品人　石碧川
责任编辑　兰晓蓥蓥
责任校对　李茜蕾
装帧设计　天下书装
责任印制　唐莹莹

出版发行　成都时代出版社
电　　话　（028）86742352（编辑部）
　　　　　（028）86615250（发行部）
网　　址　www.chengdusd.com
印　　刷　三河市华东印刷有限公司
规　　格　880mm×1230mm　1/32
印　　张　8
字　　数　180 千
版　　次　2018 年 1 月第 1 版
印　　次　2018 年 1 月第 1 次印刷
书　　号　ISBN 978-7-5464-1943-5
定　　价　49.00 元

前 言

一个成功的销售人员就是要能抢单、会抢单，最终促成业务。销售的主体是人，人是灵动的，所以销售不是一个静态的事情，它注定是一个动态的事情。在动态的系统中保持平衡，这就和冲浪运动一个原理，在大海里，高水平的冲浪就是一种艺术。

对于如何去做销售，如何成为一个优秀的销售人员，这当然不是光坐着就能讨论的问题，因为一切都在变。过去很好的销售方式也许现在并不适用，原因很简单，时代变了，人们沟通的方式变了。采用老套的销售方式并不一定能完成今天的销售业务。

销售抢单的基础就是搞定人。不管什么样的时代，这都是销售最基础的法则，而且社会越是发展，这个命题在实践中就会显得越重要。

本书要分析的是销售人员做单成功概率高的缘由，我们会告诉大家什么样的环境才是有利的销售环境，且能够创造出好的业绩。如何设计好自己的职业生涯，如何从战略和全局的角度去看待自己的销售工作？以往的销售经验多数强调销售术，很少讨论企业竞争力的优势。我们的经验却是：销售人员把握了企业的优势才能有所作为，销售术只是辅助，销售术只是势的助力。

销售人员需要学会系统的营销方法。销售人员的起点决定了销售人员的成就，所以选择销售什么永远比怎么销售重要。在销售过程中，要学会与客户进行真诚的沟通，学会锻炼自己的沟通能力，这是很重要的事情。

什么样的销售人才会获得更好的成果呢？答案是那些能够享受销售工作的人。销售有很多准则需要牢记：销售重要的不是你是谁，而是你和谁站在一起；每一个销售高手都是出色的演员，但他们同时也是自己职场上的导演；从个人职业发展的角度来看，销售人员不要相信那种四两拨千斤的小概率事件；销售高手都是相信千斤拨四两的，因为那才是自己职业成功的常态。

我们认为搞定客户才能抢到订单，这是在默认企业产品具有市场竞争力的前提之下。产品和服务是营销的核心，糟糕的产品是销售人员成功的绊脚石。中国的消费市场已经升级，但是我们企业的营销策略并没有升级。

进入互联网时代，销售也有了新的内容。我们销售人的销售模式需要跟随时代的变化而变化，在李克强总理和著名企业家马云的交谈中，马云对李克强总理说，总理，现在你如果走在街上，那些迎面走来的普通八零后年轻人，可能在网络上却是年销售额5000万乃至1个亿的店铺掌柜。马云说出的其实就是这个时代的变迁。在网络电子商务的销售过程中，“销售就是要搞定人，要会抢单”，这样的准则体现得更加明显。大家看到这些掌柜的店铺生意，这些销售者的背后，往往会有一个自建的十几万人甚至几十万人的网络社区，他们是掌柜产品和服务的购买者，也是粉丝。

时代的变迁也在影响着销售成功的方式。在网络普及的时代，电子商务的大潮扑面而来，信息透明带来了便利，也带来了更加残酷的价格战，电子商务永久性地剥夺了没有竞争壁垒行业的暴利。在这个时代里，微利是正常的，我们已经处在了一个超级竞争的时代。作为销售人员，也作为电子商务的从业者，网络商务将占据销售额更大的比例。对于销售方来说，未来的历史也许会证明，互联网是从魔瓶里放出来的“魔鬼”，具有颠覆性的力量。

我们想方设法抢单的同时，也需要转变我们的销售方式，让我们的行动更加贴近这个时代商业的本质。销售是个实战行业，事情想明白了更好。其实销售就那几步，只要顺应了几条大的行事原则，再加上持续地努力，就能取得好的销售业绩。

销售人才能够分析自己周围的环境，给自己找一个最好的位置。在销售工作中不断地寻求硬的和软的支撑点，以保证自己的职业成功。另外，销售不是什么高新技术，只是一套简单的行动程序。根本就不存在什么销售天才，所谓销售天才都是非常善于借势的人，“天才”也只是反复训练的结果。

目 录

第一章

销售是一门技术活

搞定客户是一种平衡的艺术，在关系和做事之间总会有一个平衡点。满足客户需求优于维系客户关系。一流企业不仅要维系客户关系，最重要的一点就是让客户赚钱，让客户受益。搞定事是搞定人的前提，没有服务客户的能力，无论有多好的关系，都不可能维系太久。

1. 做销售就像搞艺术

我们如何看待那些销售高手呢？如果将销售比作一个竞技活动的话，那么出色的销售人就是出色的运动员，他们之所以能够获得成功，是因为在工作中按照正确的方式进行了反复训练的结果。

任何事情只要做出了自己的“道”，都是一种艺术。所以无论做什么事情，没有入行的时候，总会觉得这很简单。其实一旦真正走进去了，进入角色了，并且力争做到最好的时候，这就成为了一种艺术。

在我们的生活中，销售无处不在。经济学家说，阳光下的事情都可以做交易。不管你的职业是不是销售人，只要我们一张口，其实就是在推销，这是广义的推销行为。因为在本质上，沟通本身就是一种双向的推销行为。

搞销售就是搞定人，搞定人的方式就是通过沟通获得客户的信任。

一般的沟通是一种技巧，高超的沟通是一门艺术。

艺术是一种境界。既然是艺术，就需要自己有意识地训练，这不是普通销售人可以驾驭的。我们在书上看到很多销售人翻云覆雨的案例，他们的销售策略每每实施，就能获得客户认可。我们听过很多老套的故事，比如吉拉德的推销神话，几乎每一本关于推销的书上都有他的案例，甚至还有吉拉德生动的对话场景。

我们的推销工作果真像故事一样的有趣，甚至浪漫吗？其实销售是最现实的工作。如果我们将销售工作当成一门艺术，那么只有在遵循销售规则并且熟练掌握销售技巧的基础上，才能成为优秀的销售人员。和任何一个工作一样，从普通到杰出都是一个漫长的过程。

销售不是自由挥洒的艺术，而是严格遵循自己的流程和规则的工作。作为故事，我们可以听销售人员讲述他们的销售奇迹，我们可以听将梳子卖给和尚的故事，或者把冰卖给爱斯基摩人的故事，但是如果在现实中我们真这么干了，就会浪费企业宝贵的资源。每一个产品都有它应该的去处，在买方最密集，需求最大的地方，才会有最大的市场。

本来屠宰杀牛不是一门艺术，做分切肉也不是什么艺术，但庖丁解牛的过程却变成了一种艺术。高超的销售人在销售的过程中发挥自己的能力，就类似于这个过程。

销售的艺术就是对复杂人际关系的处理，这当然是一种艺术了。观察和判断，如何采取行动则是一个连续的过程。很多杰出的销售人员正是在这些方面锻炼出了出色的应变能力。

做大客户的销售，最重要的一种能力就是多点平衡把握。在这种采购模式下，销售人的沟通能力只是基础，我们首先要让客户的决策圈子认同自己企业的产品，但仅仅销售沟通是不够的，还要运用手段来助力销售。因为决策圈子人数较多，必然会有人的利益需求和我们的产品特点不一致；而且，如果圈子里还包含一些产品之外的利益需求，例如个人利益等，就一定会出现反对者，这些人在我们用销售技巧无法搞定的时候，就要用策略或手段，通过人情或权力关系让他们不敢或不愿意反对我们，或是通过对整个决策圈子的运作，使他们的意见不能对决策产生影响。这样复杂的人际关系处理，肯定需要创造性地完成。

在销售过程中，低端的政治谋术是一种手段，高端的政治运作就是一门艺术了。处理复杂人际关系的能力不仅仅是靠努力，更需要一种历练。我们要善于分析，理清复杂的人际关系背后，复杂的利益关系和应对不同的人格类型的方法。沟通艺术是必须具备的，所有小额销售人员具备的能力都要具备，但是做大单的时候必须注意不要踩到客户内部人的“尾巴”。任何事情做大了都会涉及到政治，只有具备出色的协调能力，才能让事情在短的时间内出现转机。

语言和现场沟通也是一种艺术，会说话的人总是能让对方感觉很舒服。在销售现场，会有很多艺术化的策略。适当的赞美总是管用的，运用黑白脸策略也是很好的，极具亲和力的几句话，会立即消除消费者的戒备心。要知道，一流的销售人员总能在客户犹豫的时候起到关键性作用，将本不想购买的消费者变成自己的顾客。

如何体现沟通的艺术性呢？这需要事先周详的设计，将顾客分类，针对不同顾客说不同的话。出色的销售人员正是通过适当的话语设计从而创造销售额的奇迹。

对于小企业来讲，产品没有品牌，开拓市场自然就难。当然，机会总会有的。其实一般的销售工作中很难有什么奇迹发生，有的都是锲而不舍地围绕客户不断沟通。艺术性的沟通总是能够获得更多的机会。

销售人员需要时时注意自己的角色，也就是记住销售的目标，卓越的销售业绩是终极目的。当销售成为一种艺术，自己的工作也做得卓有成效，才算是一个出色的销售人员。

2. 销售是从被拒绝开始的

一个人从事了和自己价值观相适应的工作，投入了多少精力，吃了多少苦并不会特别介意。相反会以苦为乐，就像很多在野外被晒得黑瘦的驴友一样，那是他们自己选择的生活方式，他们就会觉得很快乐。做事顾虑越少，包袱越少。一如既往地按人性规律去做销售，就越容易成功，在工作上就越容易找到自己的归属感和成就感。

小张是一名制造五金工具的公司的销售，主要向工地推销工具。一次，他推销一件工具给一位工程老总，拜访其多达十几次，但是每一次都没有成交。老总无奈地对他说："年轻人，既然我从来不买，我搞不懂，你为什么老是不停地来拜访我呢？"小张说："这就是我反复来的原因，我将不断地回来，直到你买了为止，因为我知道你需要这件工具。"

感动于小张的执着，老总不再拒绝，他说："好吧，我就先从你这儿购买一些吧！你这没事就来，耽误我多少时间啊，看来我已经没有选择的余地了。”

事实上，小张知道，老总确实需要并正在使用这种工具。多走几次就混熟了，既然混熟了，老总接纳他就是自然而然的事情。

做销售就要不怕被拒绝，因为销售产品和服务是一种匹配关系。被拒绝的原因很多，可能你推销的产品很好，但是客户企业由于资金链暂时紧张，一下子拿不出钱来买你的产品。有时候，客户不会跟我们说企业现金流出现困难，但我们却因被拒绝而沮丧。其实，无法预知的原因太多了，我们不知道到底是什么原因被拒绝的。做销售，就是从被拒绝开始的。

但是销售人不能害怕被拒绝，这是关于如何战胜自己的问题，显然是一个心理学的问题。但销售人需要的不是思考自己内心的原因，而是采取适当的行动。

做一件事保持平常心是最重要的，做一件事心安理得是一种境界。举一个反面的例子，骗子说一个谎心平气和，没有一点儿心理障碍，老实人说一个谎脸红心跳，这说明老实人去做骗子的话，显然在心理素质这一关上过不了。

一个优秀的销售人员恐怕没有这么多的理论，他们会觉得自己和人打交道，销售产品和服务是天经地义的。每天辛苦奔波，一单接一单地签下来，从未觉得自己和销售工作之间有什么障碍。对于销售工作，他们已经做到了以一颗平常心去对待，他们会有“我不做销售，谁做销售”的自我评价，很享受销售工作带来的乐趣。

销售生涯的最大障碍不是价格，不是竞争，不是客户的抗拒，而是销售人员自身的缺陷。因为价格等因素是动态的，销售人员自身的原因却会时时伴着自己。胆怯、怕被拒绝是新销售人员常见的心理障碍。他们外出拜访怕见客户，不知道如何与客户沟通；不愿给客户打电话，担心不被客户接纳。销售的成功在于缩短和客户的距离，通过建立良好的关系，消除客户的疑虑。如果不能与客户主动沟通，势必丧失成功销售的机会。销售的核心工作就是不断地和客户互动，在这个过程中必须要坚定自己的信念，把握沟通的主导权，做到“积极主动”这四个字。

对准备投身销售事业的人来说，消除顾虑本不是什么问题，但还是要解剖一下自己的价值观，问自己一句，自己到底想要的是什么，不能说自己想要的是钱，钱是做好了事情的副产品，经济上的成功是因为自己创造了巨大的市场价值。如果自己的价值观和销售工作有冲突，那这种心理冲突基本是不可调和的。要知道，选择做销售不是一种无奈，不是一种妥协，而是建立在自愿基础之上的工作方式。

那么，如何才能做到不怕被拒绝呢？这里面当然也是有规律可循的。

做一个销售人，需要一个好的仪表，尽可能让自己有朝气一点，阳光一点，如果有可能的话，最好让自己显得有实力一点。因为在商业上，有一个心理现象是值得注意的，人们只会跟自己对等的人进行交往，如果有机会，就多观察客户，尽量要让自己成为和他们一样的人。比客户强，会给客户以压迫感；比客户弱，客户又会觉得你不够资格，所以我们需要和客户做到平等的关系，因为只有在平等的基础上才能够建立比较亲密的关系。

其次就是要好好学习，在心智上要能够和客户进行平等沟通。如果客户的心智是三维的，我们自己的心智是二维的，我们就无法理解客户心中的高度，二者交朋友是不可能的。如果不能和客户成为长久的伙伴，也就不能跟客户共成长。

做销售，坚持自己的目标是很重要的，做销售就要坚持高目标和高起点，这是本书对所有销售人员的忠告。天下有开拓不尽的客户资源，我们可能被很多客户拒绝，但是也会有更多的客户接纳我们，销售人一定要有这样的信念，总有更多的客户在等待我们去发现。

任何一个优秀的销售人都有一个明确的目标导向，一个没有明确目标导向的销售人就如同一艘没有舵的船，自然无从奢谈缔造辉煌了，最终的结果就是失败。

没有目标而导致失败的人，远远多过没有才能而失败的人。人与人之间的根本差别并不是天赋，而在于有无目标，有了目标，才会寻找到具体的方法去实现目标。所谓成功，就是实现既定的目标。所以，销售人员成功的第一步，就从设立目标开始。

销售人的目标是通过沟通促成与客户之间的交易。时刻专注于销售目标，所有的客户沟通都要围绕销售目标而展开。目标可以给销售人一个方向感，在自己的内心放一把尺子，知道自己朝哪个方向努力是有价值的，然后剔除没有价值的东西，不浪费时间，不浪费资源。即使被拒绝了，那就赶紧将自己的时间精力分配给下一个准客户。

有目标、有计划就会步步为营，做事有章法，今天就安排好明天甚至一周之内自己要做的事，工作会变得更高效。美国著名管理学者吉姆·罗恩曾经说过："每个人都有两种选择：谋生或进行职业生涯规划。对于销售人员而言，如果仅仅关注眼前的销售额而忽视长远目标的实现，那就只是在谋生，而不是为自己未来的职业生涯负责。那些真正有头脑的销售人通常会在创业初期时就明确自己今后的发展方向，并且通过自己的不断努力为实现长远的发展目标而奠定坚实的基础。"

德鲁克认为，并不是有了工作才有目标，相反，有了目标才能确定自己的工作。所以"企业的使命和任务，必须转化为目标"，如果一个领域没有目标，这个领域的工作必然被忽视。这位管理大师已经告诉我们职业生涯的核心是目标。

有目标规划的人，在与人竞争时，就等于先赢了一局。确立目标是职业成功的起点，所以，以业绩为导向，用数字说话的销售行业，销售人员必须认识"确立目标"的重要性，锁定目标并全力以赴，那么成为销售行业的精英的路途不会遥远。

销售人既然有了坚定的目标，那么一部分客户的拒绝又算得了什么呢？销售人需要接纳客户的拒绝，并继续维持和他们的联系。也许他们在需要的时候，就主动跟你联系了。

3. 对不同的人要用不同的“钩”

销售人需要察言观色，一个缺乏细节观察能力的人是不适合做销售的。如果在某一次交谈中，对方已经表现出了不安和抗拒的肢体动作，而我们还一直讲个不停，这笔生意肯定不会成功，这样的人当然也是做不了大客户销售的。如果我们要做一个好的销售，就需要学会运用心理学，通过全面了解客户后再推进商业交易。

销售人需要在内心将客户进行分类，需要做商业和人际信息分析的行家里手，具备很高的察言观色的能力。在与客户交往中，需要在自己的内心放一支温度计，能够时时测知客户的情绪，能够靠感觉判断出什么时候可以成交。

与客户沟通跟钓鱼过程是很类似的，只不过钓鱼是一种诱骗战术，而销售则是一种商业价值的推广。钓鱼的时候，我们需要选好钓鱼的地点，钓不同的鱼用不同的饵料。如果用错了，就钓不到我们想钓的鱼。而什么时候下钩，什么时候提钩都是有讲究的，钓鱼的时机把握要精准。销售人员需要理解钓鱼的过程，将自己的体验运用到开拓客户资源的过程中，肯定是有益的。

马斯顿博士是研究人类行为的著名学者，DISC 研究的是可辨认的正常的人类行为。DISC 也是一种人际关系用语，它不只是性格测评工具，还是一种帮助销售人员侧面了解真相的科学方法。所以这套系统的设计目的，并不是只针对你进行心理分析，而是要帮助你正视自己的可观察行为，让你能够视需要而调整个人的行事作风，以应对与环境或他人互动之需求。马斯顿博士认为：人都是有习惯的，行为都是有倾向的，预测人的未来行为，以过去推测未来，由细节推知全体，可以用它通过寥寥几个细节推测人的行为。销售人员利用马斯顿博士发明的这种简单的工具，就可以对客户进行科学的性格、人格和动机分析。

DISC是全世界广泛采用的性格测评工具之一。它是美国心理学家马斯顿博士（Dr. William Moulton Marston）提出的一套性格测试方法，该方法将人的性格特质划分为四种：活泼型，指挥型，完美型与平和型。这种分类方法相对比较简单，易于分析和掌握。

活泼型性格的人主要特征是外向、乐观，说话也比较多。他们似乎总是处于兴奋状态，对什么事情都感到好奇，就像一个永远长不大的天真烂漫的孩子。他们好表现，大声说话是为了能够引起别人的注意，并且喜欢插话，爱夸张，信口开河，是天生会讲故事的人，生活舞台的主角。

活泼型性格的人热情好客，乐于助人，所以会有很多的朋友。他们喜欢变化，富有创意，讨厌一成不变的生活，总能找到方法突破条条框框。他们又是天生的乐天派，似乎不知道忧愁是什么，当他们遇到烦恼或不顺心时，就会立即抓起电话向朋友诉说。他们总是大大咧咧，显得没有条理，对数字不敏感，办事时马虎粗心，因为他们缺乏对一件事情持久关注的耐心。

指挥型性格的客户一般在企业里占据中层决策者的地位，他们的主要特征是不会轻易服人。这样的客户外向、乐观，具有很强的行动精神，他们似乎是天生的领导者，喜欢支配别人。他们自信、坚定、有主见，目光逼人，做事雷厉风行。他们对事情要求很高，目标非常清晰，关注计划任务的完成。所以他们在与销售人员的交谈中，会不断地发出威胁性的话语，比如你们如果耽误了自己目标的完成，会让销售人员和企业付出什么代价等等。

完美型性格的客户主要特征是内向，因为了解更多的信息，所以看法悲观。他们是天生的分析家，怀疑论者，总是不由自主地挑剔。他们对人彬彬有礼，态度严肃认真，穿着很讲究搭配，显得整洁得体，有条有理。他们对数字敏感，要求精确，坚持原则，追求高标准、高质量和完美无缺。在事业上，他们总要等到条件具备的时候才会出手，但这样容易失去机会，因为任何事情只要去做，不好的东西往往也会逐步转化的。

平和型性格的客户主要特征是内向，是个旁观者，对事情看法很悲观。他们善良、温和、亲切，追求人际关系的和谐与圆满，回避和害怕冲突，善于调解矛盾。

平和型性格的客户为了保持和谐，他们通常不做决定，不发表意见，往往随波逐流，显得没有主见，尽管自己有主见。他们经常说的一句话就是“随便”，不愿意引起别人的注意。他们总是耐心地倾听别人的谈话，委曲求全，设法满足他人的要求。他们随遇而安，心智平衡，比上不足比下有余，知足常乐。

我们客户的行为模式大体上就是这几种类型，有时候，也可能是两种模式的结合体，我们从这样的行为模式的分析中，就能够精确地知道我们的客户是什么样的人，那样的话我们就可以采取不同的方式来对待他们，就能够让他们更好地接纳自己。

和钓鱼一样，我们了解了客户是什么样的人，就可以为他们定制不同的“鱼钩”，按照客户喜欢的方式来和他们打交道。

销售人员碰到活泼型性格的客户，就要学会陪他们一起进行一些突破常规的活动，只要是新奇的内容和奇特的生活方式，他们都有极强的好奇心。简单地说，哪怕你不是一个小资，也要临时装作一个小资。不要跟他们谈人生规划和理想，他们对这些事情不感兴趣，他们具有享乐主义情怀，活得很真实，不用留意他喜欢什么，他们会不打自招，销售人员有机会一定要想办法满足他们。与这样的人玩到一起，不会给销售人员带来什么压力。最新流行的休闲方式将是同他们沟通交流的主要手段。

销售人如果碰到指挥型性格的人可能会麻烦一点，但是他们对于自己人也会表现出义气，销售人需要伪装成他们的“自己人”。指挥型性格的客户富于进攻性，信奉“与天斗其乐无穷，与地斗其乐无穷，与人斗其乐无穷”，喜欢竞争和挑战。两个指挥型性格的人同在一个部门，意味着这个部门将不会有安宁日子，他们周围都会有一帮人，他们非常善于权谋，也会利用人。

这种客户脾气比较大，好争论，有点固执己见，不给人面子，忽视人际关系。他们往往受到老板的重用，因为他们会像猎犬一样地维护公司秩序，实现企业的目标。他们是销售人员接触最多的人，因为企业中层基本都是执行层，指挥型性格的客户具有很好的执行力，这正是企业需要的。他们的优点是直率、正直、讲义气。但是总是难以放松自己，总感到时间不够用。他们对别人要求严格，对自己似乎无所谓。

指挥型性格的客户性格急躁，所以容易忽视细节。作为销售人员，在做销售的时候就要为这种类型的客户多想一点，因为面临变局的时候，他们会像战场指挥员一样，告诉你为了阵地可以不计代价，也会告诉你完成任务是自己的责任所在。在签订单的那一刻，销售人员就会成为他们任务系统的一部分。

销售人员为了达到成交的目的，适当地拍拍他们的马屁是有必要的，告诉他你崇拜他，是自己的楷模，这样的话他们会很受用。当他们的天然攻击性没有了目标后，他们将会是一个很好的酒肉朋友，甚至哥们。

销售人员碰到完美型的人就会面临他们的“碎碎念”。完美型性格的客户怕别人不在意自己，又怕别人太在意自己，所以亲和力略显不足，与别人总保持一定的距离。他们先思考后说话，一丝不苟，见解深刻，往往是杰出的专业人士。他们可能是企业某项产品的经理，这样的人很好相处，在细节上会很重视，验货的时候显得小心翼翼，任何瑕疵他们都会提出来。但是他也会站在销售人员的角度给出解决的方法。

这样的人对自己要求严格，对别人也要求严格。在他们的眼里，世界的缺点很多，所以显得消极、忧愁，不苟言笑。他们中很多人都是独立知识分子。

他们不喜欢赞美别人，是因为别人还不太完美。他们总能立体地、多视角地看待事物。销售人员跟他们相处，要采用顺的策略，不要跟他们在细节上进行争辩，先顺其势，取得他们的认同，让这类人认为你也是一位完美主义者，在随后的沟通交流中，找到一个关键节点，比他更追求完美，让其意识到过于追求完美也是有危害的。

平和型的人是最好打交道的，他们喜欢和谐而舒适的生活，宁愿配合他人的安排也不愿制造冲突。然而，如果被人施压，他们会变得很顽固，有时甚至会动怒。若将他逼到墙角，他会将平时所有的积怨一下子爆发出来，有时候甚至不顾后果。平时的忍耐在他们心里都有一笔账，所以和他们相处，做事不可以太过分。

他们通常做事主动，兴趣很多，但是却将自己的优先事项拖到最后一分钟才做。他们还具有自我麻醉的倾向，让自己去做些优先顺位上位居次要的活动，如看书、与朋友闲聊、看影碟等。他们是很好的仲裁者、磋商对象，而且能专心执行一项团体计划。

销售人员跟这样的客户打交道会很舒服，但是在企业里他们往往不会有重要的决策权，如果没有反对意见，只要销售人员多次拜访，他们抹不开面子就会签单；但是容易的事情总是好事多磨，一旦客户企业里有人提出反对意见，他们就会拿不定主意了。

DISC 性格分析是一个很有价值的分析工具，使得我们可以轻易地认清客户的内心，对客户的内心进行剖析，有时候竟然会比客户自己认识得更清楚。当一个人的心都被你看穿的时候，无疑在心理和沟通方面你就能取得更多的主动权。

销售就是对于客户人性的把握，分清客户的类型，我们就能够预测他们的行为，然后，我们就成了一个“钓鱼者”，用他们最喜欢的“饵料”喂他们，让他们成为我们的朋友，让客户跟我们在一起感到很舒服。这样才能保证他们在需要合作的时候第一个想到的是自己。

4. 找对人，做对事，说对话

小林毕业于北京的一所大学，刚工作一年，在单位里算是一个没有什么销售经验的新人。但是她做事很勤快，也没有什么顾忌。她接触的都是些行业领头雁型的企业，也不管能不能成，反正小女孩就这么一家一家不停地去推销自己的产品。

有一天，她去一家销售额高达几十亿的公司拜访。刚开始，她找的是这家公司的一个文员。这时的小林还不太懂营销关键人的重要性，于是她很卖力地做演示，并通过这位文员了解到了该公司的一些组织结构及背景等。后来她就和这位文员交上了朋友，并保持联系。再后来，这个文员被调回总部，因为是朋友关系，于是他把小林推荐给了另一位业务经理，可这位业务经理也只是一个普通的销售代表。但是小林还是很卖力地去和这位业务经理沟通，推荐自己的产品。业务经理对这款产品比较认同，就把她引荐给了一位副总，于是小林又去见了副总，并且跟副总进行了多次沟通，并给他留下了很好的印象。后来，这事又通过副总向总部汇报。总部通过后，副总就将单子给了小林。一个新人拿下了公司成立以来的最大业务，小林很有成就感。

小林做事的方式是很多新入行的销售人典型的业务方式。等到在行业积累十年以后，她就可以直接委托朋友求见副总了，这需要一个过程。我们做销售都提倡找决策人、关键人，但并不一定所有的关键人都是高层或老板，特别是在一些大企业里，他们的部门经理就有一定的决定权。而且，大公司的高层或老板业务都非常繁忙，一般很难见面。

中国的家族式企业多，老板的爱人及亲戚朋友都有可能左右销售的结果。所以，有时候单子进展不顺利，可以考虑从关键人周边对其有影响力的人入手，间接达到目的。

其实，新人做业务的模式也是有一定的好处的，因为老销售人直接找到了该公司的决策层，他们也许会把事情推到分管部门；而且，一旦决策层拒绝了你，你的机会就会变得非常渺茫了。顺藤摸瓜虽然效率低了点，但也能够逐步找到关键人。

在顺藤摸瓜的过程中，需要注意的是不要冷落你寻找过的人，更不能过河拆桥，把人当联系工具的思维是要不得的，做生意真诚很重要。同时，还要密切关注关键人身边的这些次要关键人。有条件的话，尽量争取他们的支持，即便不支持，也要让他们保持中立，否则后患无穷。

每一单生意后面都有一位关键人物，销售人做单的过程中，实际上就是在寻找具有决策权和影响力比较大的关键人物。我们理解客户的心，是为了知道怎么去沟通，而寻找关键人物，是为了知道向谁去兜售我们的产品和服务。

事实上，只有刚出道的销售人才会满世界地去做陌生拜访，真正的好的市场资源在销售人到来之前早就被瓜分了，没有铺垫而做成大单的可能性很小。一个销售人的成功与否，就是看自己在周围搭建了多少通往高价值客户的桥梁，也就是说，在销售过程中，有多少有决策权并且具有下单能力的人在支持我们。

很多销售人都做过临时抱佛脚的事情，比如在争取某一个大客户的过程中，我们事先没有做好关键人物的铺垫，而直接抱着强烈的目的性去强攻，这可能也有成效，但是这不是最好的做事方式。一次合作和长久的关系还是有区别的。

要想做事越来越顺利，销售人就需要不断地培养属于自己的关键人物。销售人员在职场上得到关键人的支持，有个人的努力，也有机缘，两者都不可或缺。光努力，没机会，是无用功；有机会，不努力，往往失之交臂。在努力的前提下，机会就显得十分重要了，把握好了，那就是我们职业生涯中真正的转折点。

在一个销售人的职业生涯中，找对人，做对事，说对话其实贯穿于每一单之中，每一单都是自己人脉圈的一个扩展，通过自己的客户和朋友去发展新的客户和朋友，毕竟朋友的朋友，也是人际关系上的一种拓展。

销售人一定要有认真的做事精神，给客户提供高质量的服务。我们当下很多企业其实是缺乏这种竞争力的，正是因为自己的产品和服务不如人，才有了求人之说。如果真正有价值的产品和服务，其大部分的精力就可以用来满足客户真正的需求上，不会为自己提供的产品质量和服务质量伤脑筋。

做对事的能力当然是非常重要的，能干而且懂职场规则的销售人员更容易得到企业和客户的信任。

贵人相助，顾名思义就是在关键人物的帮助下实现了愿望。人的一生中要想获得成功，注定离不开贵人相助。单靠自身力量，无论能力多强，智慧有多高，在当下的社会中，是很难获得成功的。即使有所进步，那也不能与成功相提并论，这是量和质的区别。韩愈在《马说》中已经说得再清楚不过了："世有伯乐，然后有千里马。千里马常有，而伯乐不常有。故虽有名马，祇辱于奴隶人之手，骈死于槽枥之间，不以千里称也。"在这里，伯乐就是贵人。

一个销售人员只有努力取得成绩，将自己变成千里马，让别人觉得你是一个有潜力、有前途的人。能干大单的销售人员也必能将小单处理得井井有条。一个销售人员要成为行业精英，需要不断地积累人脉，但是成功永远是以内因为主，外因只是起到催化的作用，所以一个靠自己努力获得成功的人，会在职业的道路上不断地得到贵人相助。

在事业的道路上，如果你得不到帮助，那说明你还不够努力。人性就是这样，你越是努力，别人就越尊重你，越愿意帮助你。

说对话的能力也十分重要。销售的本质就是沟通和协调。

做商业销售需要口才，口才向来就是做销售的首要武器。口才很重要，但是很多人对口才并不是真正的了解。口才并不是口若悬河，滔滔不绝。其实话太多了，别人会嫌烦。真正的好口才是循循善诱，善于问问题，让客户自己打开话匣子。

好口才不是说话多，而是说话到位，几句话就能说到点子上，让客户产生兴趣，想要和销售人员沟通下去。其实，好口才是一种人生的修为。有人语言表达逻辑性强，观点独特，那是一个人学养的外在表现；有人语无伦次，前言不搭后语，那是知识体系混乱，思维模糊不清的表现。

我们的客户很多是商业成功人士，往往阅人无数，销售人的精、气、神和语言能力，只要几句话的时间，客户就会做出一个初步的判断，这就叫第一印象。良好的第一印象，就是与客户沟通的切入点。

对于大客户销售而言，与客户初次见面，除了对方要求，有些业务性质的谈话往往要开门见山；一般沟通性质的谈话，多半是从闲谈开始的。与人闲谈，说些看来好像没有什么意义的话，其实就是先使大家开心一点，熟络一点，形成一种有利交谈的气氛。

然而就在这闲谈之中，销售高手能从客户的语言中判断出客户的价值观。价值观是一个人核心的东西，找到了它，你就能跟客户产生共鸣，所谓“一见如故”“相见恨晚”就是这个意思。这就是销售沟通的道，取决于销售人员平时点滴积累。否则，学到的可能只是沟通的皮毛而不是沟通之道。

好的销售人员不打无把握之仗，最好的打开话题的方法就是了解对方，了解对方的职业、地位、人品，如此即使是初次见面，也能够配合对方的话题进行自由交谈。

销售员的高效沟通基于对本行业的现状和未来的理解，专业度很重要。专家级的销售人员明白顾客的需求，也知道自己能为顾客贡献什么，所以会给客户提供最能适应当下市场的解决方案。一问三不知的销售人员很难与顾客进行高质量的沟通。

高质量的沟通就是要求销售人员表现得很专业，在一次沟通之中就能了解顾客的价值观，弄清什么才是客户想要的东西，让顾客产生信赖感，并在信任的基础上做成订单。

5. 销售不是拼体力，而是拼头脑

销售人需要一种坚韧不拔的精神，需要有自我激励的能力。年轻的销售人总是自信满满，他们在职业生涯开始的时候，都有一种拼命三郎的精神。在国内，很多知名的企业家也都是从推销产品开始走上自己的创业之路的。成功的销售人给我们的启示是：销售不是拼体力，而是拼脑子。当然，销售也是一个知行合一的工作，没有行动，就是再好的想法，再好的策略也成不了事情。

在华为企业规模还很小的时候，有一个刚刚大学毕业的销售人员，在全国到处跑，为自己企业的通信设备做推介。所有城市的通信设备都是电信局采购的，有决策权的人都是当地电信部门的官员。我们都知道，官员是很难打交道的，初出茅庐的小伙子要去求见一个城市的电信局局长确实不是件容易的事情。这个冬天，多次求见局长未果，小伙子鼓起勇气向他下了战书。他心想：如果局长不见，他就穿个衬衫，打个领带，站在北方冬天的冰雪里不走了。这个局长也是个犟脾气，想着你要站在那里你就站着。结果小伙子就单着衣在冰雪里站了两个小时，电信局的很多人都看不下去了，没一会都上去跟局长说，小伙子要是冻坏了，也是罪过。局长没有想到这个年轻人这么执着，于是被打动了，就请小伙子上楼谈事。后来该地区的通信设备市场，成功地被华为切下来了一块。

这是一个很励志的销售故事，很多出色的销售人在成功之前都有这样的过程。能不能做销售人，就要看他有没有行动能力；而能不能成为杰出的销售人，就需要用脑袋去做销售。

其实，每一个销售人都可能做过类似于上述故事里的事，只不过形式不同罢了。比如客户老板不厚道，在酒桌上对销售员说，小李，你把杯子里的酒干了，这个单子就给你。销售员小李不胜酒力，但还是一口干掉了三两白酒，结果在家躺了两天。这样虽完成了签单，但是许多年后对这件事还记忆犹新，记得那杯酒喝下去很难受。这样的事情几乎每一个销售人员都遇到过。大体上那个时候，销售人做事目的性非常明显，都希望快速地将单子签下来，对自己的客户不断地逼单。客户方在情愿和不情愿之间，将单子给你了。也就是说，出现这样的事，多数情况下还是没有将自己的关注点转移到客户身上和客户真正的需求上，在搞定人的策略上还是差了一点。

入职不久的销售人大多数都是从客户现场就能够决策的小

单子开始销售工作的，这是靠体力拼搏制胜的时期。大学刚毕业做销售的人的生活是这样的：你中午打电话给他，他说自己在和客户吃饭；晚上打电话给他，他还说在和客户吃饭。很多销售人就是这样过来的。年轻人有折腾身体的资本，但是真的要将销售做到有成效，还是要挖掘潜在的大客户，没有大单是没有成就感的，也不能实现财务自由。

当销售人开始拼头脑的时候，也就是事业精进的时候了。

对于从事大客户服务的销售人员来说，销售有一套完整的程序。如果我们把销售技巧定义为“说服和影响客户，使他们接受我们产品”的话，大客户销售技巧则在这种普通的销售技巧之外，还要多一层政治运作，也就是说，大客户销售技巧包含两件事：销售和政治，这是由大客户的采购方式决定的。

所以在做大客户销售的时候，不要指望仅用一次发挥语言艺术的妙用就能实现销售。大额销售从来都是理性的，作为销售人员想要找到大客户，首先要找到接洽人，然后进行沟通，理顺其公司内部关系。做大客户，有一个字形容得很准确，那就是“跟”。这是一个需要长时间耐心等待的过程，和现场达成销售的推销方式不同。

大客户采购的决策过程复杂，参与的人多，每个人的角色和利益不同，因此需求不同，他们对企业销售人员的倾向也不同。而这些参与者之间会相互影响，最终的决策是整个决策圈子反复协商的结果。

销售的目标其实是简单的，但是销售人本身是体系的一分子，我们直接打交道的客户也是体系的一分子。推销不仅仅是销售一件产品这样简单，而是两个系统的协同。销售人面对的是一群人，所以打交道就成了一个很复杂的事情，只有会正确处理人际关系的人，才能在此间游刃有余。

即使是一般的销售过程，也需要学习，用脑去解决问题。销售人在职业生涯之中，应逐步建立一种理性的思维方式，知道如何去面对复杂的问题。

销售是一个专业，专业就会有自己的规律。80%的销售是在第4至11次跟踪后完成的，这来自于美国专业营销人员协会和国家销售执行协会的统计报告。他们也将销售总结为：采取较为特殊的联络方式，加深客户对销售人员的印象；为每一次联络找到漂亮的借口；注意两次联络时间间隔，太短会使客户厌烦，太长会使客户淡忘，专家推荐的间隔为2～3周；每次联络不要流露出强烈想做成这一单的渴望。

很多小企业的销售高手正是这么做的，他们的行事方式和美国的这份统计报告是暗合的。我们看到书本上巧舌如簧的销售人员可以轻易地说服顾客，获得订单，那是在误导入门级的销售人员。其实，销售没有奇迹，真正需要的是持之以恒的精神。出色的沟通技巧只是表象，就像我们看到了水面上的冰山，却没有看到水面以下更大的部分。

销售工作是商业智慧最集中的地方，也是商业链条中最精彩的一段。要做一个销售人，就需要自己去悟道，将自己的精力和时间分配到客户身上，无论他是经销商，还是直接顾客，销售人都需要去关注他们整个人和他们内心的真正需求。在这个基础上，去获得客户的信任。

在商业中，信任是销售工作的核心。没有信任，就没有生意。平台和产品的价值是销售中最重要的成功外因。与客户建立信任，最重要的就是专业，有价值。

成为一个优秀销售人的第一步，就是要积极地去行动，销售永远是一个身体力行的工作，如果能够做一个有智慧的销售人，那就能够更好地完成销售工作。

6. 搞定客户，要会分析客户的内心

消费者研究是销售人的必修课，现在无论是线上营销还是线下营销，都需要进行大量的消费者行为分析。做销售最基础的一点就是要知道消费者在想什么。对于很多大众消费品销售者来说，我们有必要了解消费群体的消费特征。销售人需要紧紧跟上这个时代，企业决策者更需要做消费者研究，去了解消费者消费行为和动机。

消费者对产品的期待其实是截然不同的，如果在销售的时候，我们将产品的定位错了，那么就相当于整个销售方向就走偏了。

从物资稀缺年代走过来的人大多数还是信奉价廉物美的，50 后、60 后、70 后消费者比较注重实用性，他们大体上比较少地考虑消费品当中的精神因素和软性价值，但是在丰裕年代出生的消费者就将产品的软性价值放在了极其重要的地位。年纪大一点的人比较注重别人的感受，而新一代消费者比较注重

自己的内心，自己喜欢就是最好。

80 后的消费心理特征可以归结为三个方面：乐观消费主义，敢于冒险，消费目的更强调追求快乐、享受生活，而非传统的“成就感”。消费中注重对个人价值的体现，而对关系消费、情感消费关注度降低。重品牌，重时尚，并愿意为此付费，对低价产品的解读可能不再是“划算”，而是“不够档次”。企业应当针对 80 后独生子女消费特征制订相应的营销策略，突出“享受生活”“个人价值实现”和“品质档次”。

90 后的消费心理相比 80 后的截然不同。由于他们成长的社会与营销环境发生了更大的变化，使得他们在信念、价值观，特别是消费观念、心理特征方面与 80 后相比都有很大的改变。90 后的消费特征是将某种消费感觉转换成消费价值，他们对商品的情感性、夸耀性及符号性价值的要求，早已超过了商品或服务的物质性价值及使用价值。90 后一代消费者最大不同可能就是购买方式变化，或者说他们更喜欢网上购买。针对 90 后一代的消费心理特点，企业应重视互动式体验营销、个性化的限量营销和自我式的网络营销三种策略。

这种消费心理的转变实际上代表了商业上最基础的变革，消费行为和习惯改变了，整个商业面貌也就改变了。

消费者购买产品的内在动机，需要被挖掘出来。销售人在做方案的时候，要针对客户的需求来做文章，而不是继续走物美价廉的“价格战”老路。

目前，大多数企业维系顾客忠诚最常用的手段是给予顾客价格优惠，但这种做法会使企业利润降低，对企业的长远发展不利。同时，通过让渡价值获得的顾客忠诚往往是脆弱的，需要持续的价格优惠才能维系。因此，如何保持和提升顾客的忠诚度是最近十年来营销学者和企业家们一直探讨的重要课题。

搞定客户，就要懂得客户的生活方式。销售人需要生活在他们中间，和他们进行互动，才能够获得真实的体验。针对客户，销售人在判断其诉求上一定要精准。有一个关于恋爱的故事很值得思考：一个男孩对一个女孩很好，付出了很多，但是女孩子就是不买账。男孩就对女孩说，我为你付出那么多，你怎么还是无动于衷？女孩子说，我只是想吃一个苹果，你却给我一车的香蕉，我是接受好还是不接受好呢？其实这就是男孩不懂女孩的心。

如果企业将80后、90后消费者作为主要目标客户，就必须准备好改变传统的生产、销售方式，并且与这群新观念的消费者进行沟通。销售人必须考虑以下几个方面的改变：理解80后、90后的观念，给他们一个平台自我展现；让他们参与整个商品的产销过程并进行平等的沟通，激发他们的创造力；分享其购物体验并影响更多的消费群体。

现在年轻人都是依托网络社交来生活和沟通的，如果我们要向他们传达自己的产品信息，就需要通过这些新型的媒体，如果对他们的生活一无所知的话，我们就不能将重要的产品信息传递给他们。针对80后、90后，网络社区营销就是有效的方式，它能让消费体验“动”起来。在网络社区中，消费者在消费体验过程中体验文化、体验时尚、体验消费。具体包括娱乐消费、情感消费和文化消费等，这三种消费又为网络社区消费者提供了一个很好的精神需求空间。

其实，我们在销售过程中，最常犯的错误就是不懂客户的心，在自己的办公室里做出的方案，浪费了大量广告预算，却达不到预想的效果。

最好的销售人能够将诉求说到顾客的心坎上，能够满足客户内心真正的需要。

时代在改变，无论我们是将产品销售给一个年轻人，还是做营销计划卖给所有人，都需要满足客户内心的诉求。销售不是创造一个空洞的说法，而是真正理解客户的心，让客户觉得我们提供的产品和服务就是他内心想要的东西。这不是创造，也不是改造，而是一种彻头彻尾的迎合策略。

每一件产品的价值定位不可能针对所有类型的顾客，它只能针对价值观相同的顾客。顾客的购买心理是可以改变的，但是要改变一个人的价值观是很难的事情。所以寻找匹配的顾客实现情感共鸣，产生强烈的认同感，是企业树立自身吸引力的最佳途径，也是销售人在销售过程不可违反的原则。

7. 搞定客户，就要获得客户的认同

国内很多小企业都遇到了发展的瓶颈期，其企业内部最大的问题是产品不能适应已经升级的消费市场，不知道品牌管理，不知道小企业也可以创立小众品牌；外部因素是社会整体的商业诚信受到了破坏，潜规则横行，有权力资源的企业可以发展得很顺利，但是没有资源的企业只能维持生存。小企业自

然发芽生长的生态环境已经恶化了。

这时候，基层的销售人员最能体会到销售的艰难，他们只有透支自己的身体来进行人力推销，而这些销售人员并不知道客户真正的需求。

作为营销人员，我们已经知道获得顾客忠诚度的重要性，所以我们一开始就要去研究顾客，学会和顾客找到共鸣。顾客对企业的认同是促使顾客与企业之间产生更稳定关系的一个重要原因。由于认同，顾客容易对企业产生更深层次的、更具有承诺意义的关系，也会成为企业的拥护者。因此，企业应该关注如何通过多种社会影响方式来促成顾客对企业的认同，以达到市场营销手段所无法企及的、顾客与企业间的稳定关系和结果。

让顾客成为企业的拥护者，才是营销的最高境界。所以设法制造认同感是销售人员最基础的职业修炼。学会和自己的客户站在一起，让他们觉得你和他们是同一个频道上的人，客户就容易接受了。

一个深谙顾客心理的销售人员，在拜访客户的时候，他会主动模仿客户的举止，包括说话的口气和语速、说话时的手势和姿势、握手的方式等等。最后，在谈到价格的时候，客户右手一扬，画了一个圈，说："4 万元太贵了，3 万元就成交吧!"销售人员学着自己的顾客，同样右手一扬，也画了一个圈，说："3 万元太低了，还是 4 万元吧!"结果，那客户看了看他，说："好吧，4 万就 4 万吧。"生意很容易就谈成了。

营销专家解释说，在销售过程中你模仿他，你似乎就变成了他，他不会拒绝自己，所以生意容易谈成。

其实，模仿是一种获得认同的方式。你模仿他的行为方式，他看到了自己熟悉的形象，就放松了对你的戒备和警惕，或者把你当成他的朋友，所以谈事情更容易成。因此，无论是在商场还是在外交场合，我们都可以看到模仿的行为。

这个小小的故事说明了一个问题：顾客在购买的时候找到了自己熟悉的感觉，找到了对方与自己内心的共鸣。其实，顾客在决策购买的时候都需要一个自我证明的过程，这是一个心理活动。顾客需要证明自己的决策是正确的，销售人员就给予顾客尽可能多的支持性信息。让顾客对企业和销售人员产生认同感，让顾客产生感性认识。做到了这一点，也就消除了客户的戒备心理，接下来的销售也就会变得水到渠成了。

这个案例说明，能够跟顾客打成一片的销售人才会成功，只有跟顾客在一起，才能够知道客户真正的需求是什么。管理学大师德鲁克始终坚持一个观点：企业的目的就是创造顾客，是为客户提供产品或服务，而不是利润最大化或股东权益最大化。而这个创造顾客的目标，只能通过市场营销和创新才能产生。从市场营销学角度讲，极高的顾客忠诚度能够保证企业获得持续的经营利润。因此，将顾客忠诚度始终维持在较高水平是企业核心竞争优势的一种体现。

所以，销售人的主要目标就在于开拓新客户资源，并且具有维系老客户的忠诚。

销售人需要学会认同顾客，这是一种让你们成为朋友的最好方式。学会这一技巧，对于从事销售、管理、教育的人特别重要。比如，一个人很在意自己的孩子，那么你见了他，首先赞美他的孩子，他自然会把你当成朋友；一个人喜欢下围棋，你见了他首先谈围棋的术语和新闻，或者赞美他的围棋技艺，他自然会把你引为知己；一个人喜欢某足球明星，你见了他也把自己说成是那位明星的拥戴者，也会很快获得他的认同。跟爱钱的人谈钱，与好棋的人谈棋，都是一种认同他的方式，也都容易获得别人的认同。

优秀的销售人可以让顾客在销售过程中获得知己的感觉，让顾客感受到温馨；同样，企业也可以树立更好的形象，建立和顾客之间的知己感。顾客获得他所认同的东西，让他转而认同销售人员和企业，比如，金钱、地位、名声、友谊等等外围的东西。为什么那么多的人努力要成为各类明星或政治领袖？因为每一个人对明星和领袖都有巨大的认同感。

追求认同的最大化，是人的心理。那么什么是认同？近些年，在顾客研究中也开始关注“认同”这一主题。研究发现，顾客对企业的认同能够促使顾客与企业维持长期的关系。一般来说，我们把顾客对企业的认同定义为：顾客对一家企业产生亲密关系的认知状态，这是个人通过对自己和这家企业在身份特征上的主观对比而产生的。

对于零售企业来说，顾客认同是指顾客通过对比自身和零售企业在身份特征上的相似性，而产生和形成的与零售企业亲密关系的感受。事实上，客户真正认同了，其实也就是被搞定了。

第二章

做好自己，机遇只降临在有准备的人身上

销售人是用自己的人格在做销售，也是用自己的人格在做担保，所谓销售，终究推销的还是销售人自己。没有任何资源能够代替销售人的热情和行动精神。销售人不是普通的雇员，他们是独立的营销业务外包人，需要非常强的自我管理能力。他们会坚持终身学习，让自己成为人际关系的专家和业务上的专家。销售人始终认为：最好的产品就是自己。

1. 销售，其实就是推销你自己

销售人在销售过程中，实际上销售的就是自己。当我们这样去认识销售的时候，我们就知道，自我的修为高低决定了我们视野的高低，这也间接的决定了我们职业成就的大小。

每个人都是自己的CEO，每个心理能量强大的人都是自己的管理者。

经济发展的核心是人而不是其他的资源，认识不到这一点的国家不能成为发达国家，不能持有这样价值观的企业不能成为一个有竞争力的企业。一般人会认为发展企业的根本动力是资本，实际上推动资本增值的永远是人，而不是资本本身。企业发展的根本动力是来自于团队心中服务于顾客，实现自我激励的正能量。

销售人的职业生涯，其实多数情况下都是一个自我管理的过程，让自己变得优秀起来，让自己以更好的状态面对工作。所有成功的销售员，都是先推销自己。在你成功地把产品推销给顾客之前，你必须把自己先推销给别人；而要能成功地把自己推销给别人，则必须先百分之百地把自己推销给自己。

美国心理学家罗希诺夫曾经说过："在你推销产品前，你要推销的第一对象，是你自己。推销尤其是这样，把你成功地推销出去远远要超过你所要推销的任何产品或观念。”这也充分说明了销售人在推销产品前先让客户接纳自己的道理。

墨西哥前总统毕森特·福克斯，原本只是一名可口可乐公司的推销员。毕业后，福克斯便进入可口可乐公司，开始他的推销工作，而他的销售能力也在一段时间后，不断地发挥出来，表现得越来越杰出。

聪明的福克斯在推销可口可乐的同时，也学会了推销自己。无论在任何场合，福克斯都会充分地展现自己的经商才能与团结人的天分，人们在他的身上能够感受激情和力量，他对大多数人都表现出很好的亲和力。一个跟福克斯合作的客户后来回忆说：“福克斯很有感召力，他能够认真地解决问题，他总是衣着整齐，很绅士，也很容易让人接近。他是很好的倾听者，喜欢听别人给他讲自己的故事。我们是很好的朋友。”

在他决定从政之后，更为自己塑造出一个平民总统的形象。当竞选活动开始时，福克斯便一反惯例，把助选人员的挑选工作，全权交由一位主管去执行，即使当选之后，他也不愿遵循惯例仅招揽同党人士参与国政，而是尽可能选择各种不同理念的人才。同时他也能够超越党派，和不同阶层的人交朋友。

福克斯在工作中所表现出来的认真态度，当然不只是纯粹的推销而已，不论是商战市场，还是政治环境，对福克斯来说，经营的技巧其实都一样。不管是消费者还是人民，对他来说，始终只有一种必然的态度——一切只为你。让客户能够深刻地感受到一份备受尊宠的感觉，并让他们看见你的心意，便能自然而然获得他们的肯定与支持。

销售人需要成为一个传递正能量的人，没有人喜欢一个只知道抱怨的人，人们会远离一个阴郁、让自己情绪不畅快的人。所以销售人推销自己，一定要让自己的生活充满阳光，这句话表达起来很容易，但是要做到还是很难的。

对于个人的工作能力而言，专业带给人以自信。越专业，越能将自己领域的事情做好，也就越自信，心理正能量也就越多。专家之所以成为专家，首先他们从心理上认同自己就是一个专家身份，对具体事情上有自己的见解和发言权，能够做出符合实际情况的决定和对策。

著名作家罗伯说过："假如你要在别人那儿建立一个胜利者的形象，你就必须先建立一个胜利者的姿态。"

销售人需要给客户展现一个信心满满的形象。一个自信的人能够获得客户的心理依赖感，因为你是真正的行家，在需要的时候，客户会想到向你求助。

不管我们在哪个行业做销售工作，学会倾听很重要。要倾听客户的思想、心情、所需，你要先了解客户，站在他的角度想一想，该如何向客户推销才更容易被接受，倾听对方的需求，以真诚的态度帮客户解决问题，最后达到成功的目的。

作为推销人你要记住，接近客户的首要目的是推销你自己，而不是急于把你的产品卖给客户。推销之前的自我展示是极其重要的。

如果不是一次短暂的交易，那么销售人从一开始就需要说真话，对于生活中的问题，我们可以说一些善意的谎言，但是对于我们推销的产品和服务，我们需要如实奉告。说真话是获得别人信任和尊敬的唯一方法。你可以以你优雅的风度、社会的高位、仁慈的行为、丰富的知识和经历等等去赢得他人的尊敬。但是，只要你讲的一个谎言被拆穿，你所有的其他优点马上会被一扫而光。因为只有说真话才能获得客户的信任，而客户的信任是销售人生存的基本条件。

一个人的长相是天生的，很多时候并不是我们能够左右的，在职业生涯中，好的外貌能够给自己加分，但人的成功与否主要还是看后天的修为。良好的外表无疑是一个销售人非常重要的方面，永远都不能被忽视。销售人需要注意自己的言行，因为你的一言一行随时都会给人留下好的或坏的印象。你信口开河，对方尽管嘴上不说什么，但心里早已对你打了分，下了结论。一旦机会来了，或者想要购买产品的时候，他如果对你有好印象就自然会先想起你。

销售过程中，虽然不能以貌取人，但是穿戴也能说明问题。当你穿着打扮得体时，你也会增强自信心，更为重要的是，这能增加客户对你的信任。所以，在前文我们已经说过，如有可能，换一套好的行头，比如一辆还算过得去的汽车。行头就是向客户做无声的证明，你很行，工作做得不错。

2. 随时储备知识，培养与提升自身素质

销售是一个不可限量的职业，做得好的金牌销售，可能比大公司的 CEO 还要赚钱，这就是销售职业的魅力所在。当然，做一个金牌的销售人，需要不断地努力，提升自我，让自己成为专家，专家级的销售人在职场上总是受欢迎的。

在思科中国这样的外企中，销售业务员大多数都很年轻。主干电信设备是专业技术设备，要求销售人具有比较好的技术背景与专业能力，能够解答客户的专业问题，需要业务员不断地学习。做好这样的工作，成为一个技术员的同时，也需要成为一个常规销售者，思科公司鼓励技术专家去做销售，因为专家级的销售人能够理解客户更加复杂的需求，且一线的专家能够激发创新。

在这样的公司中，一个销售人的年收入可能达到 500 万元，这可能相当于外面五个中小型企业 CEO 年薪的总和。其实，这是对知识的奖赏，那些能够懂得系统协同营销，并且拥有专业技术背景的人才能够完成上述工作。

思科这样世界级的企业，因为有了世界级的产品，他们的销售人才能够将自己的业绩做得这么好，这也是平台的力量。很多企业销售人的处境没有这么好，所以才将更多的精力放在搞定人上，这是国内营销的现状。

销售人需要成为一个知识储备很丰富的人，因为我们永远

都不知道下一个客户是什么样子的，我们能够跟他们对话，就需要事先进行知识储备。在自己的专业领域里，能够为客户去做“头脑风暴”，提出更好的解决方案。

拥有很多知识的销售人被称为“万金油”。但营销的学院派认为，作为销售人，“万金油”式的销售观念已经落伍了，现在的市场竞争已经转到了产品的价值竞争，销售人应该带给客户更多的东西，比如专家级的服务，全面的解决方案，还有业务咨询专家等等。

国内市场的现实是不一样的。在市场上，特别是一般消费品领域，“人治”的现象还是非常普遍的，在产业的下游，市场规则和人治方式混合型结构依然会长期存在。所以销售依然离不开一线销售人员的拼杀，依然需要积累人脉以适应当下的市场要求。

不同的行业要求销售人员具有不同的专业能力，做销售工作的人就要做一个杂家，拥有方方面面的素质，无论是掌握知识、发现机会、沟通交流还是把握机会、成功实施的能力。这要求销售人员具有很高的情商，要让自己做营销过程中的有心人。

在实际工作中，变化永远比计划快，变化一直就是我们工作中接触最多也是最费脑筋思考的事情，在服务客户的过程中永远都是“100－1＝0”。在激烈的市场竞争中，没有永远忠诚的客户，只有永远维系客户的服务。知识丰富的销售人做市场有他自己的一套，他们公关能力特别强，特别喜欢与人打交道，在维护人脉方面具有很强的能力。

我们与客户的关系其实是相当脆弱的，哪怕我们认为关系最好的客户都有可能因为你某个问题的疏忽或处理不当而翻脸不认人，绝情地离你而去。因此每一个环节的服务对于我们都是考验，都是历练，所以销售人员需要不断地学习客户维护能力。

现在销售工作真正靠产品性能开展业务的并不多，商业社会竞争这么激烈，好产品也要凭借合理的营销策略才能打开市场。自己销售的产品要保证质量，要不等于搬石头砸自己的脚，销售人最悲哀的事情就是好不容易攻下一个客户，却被自己的产品质量问题搞砸了。这对销售人来说才是最致命的。所以销售人就需要从更广的视角来看待客户关系，只有在好企业才能有利于自己能力的发挥。

现在的销售市场和以前的市场确实也有所不同，每个行业都在往前发展，有些行业具有专门技术要求，这就是行业的壁垒。所以现在针对销售人员也有了市场细分。现在市场上招聘销售人员，都会有自己的专业要求。

有人已经提出了“顾问式营销”的概念。这就要求销售人既要做杂家，做通才，还要做专家。销售现在要求的就是“万金油”式的开拓客户，专家式的客户服务。做杂家是为了打开销售，做专家是为了稳住市场。

一名资深销售人员对做杂家有自己的看法：做销售要成为杂家，知识面要广，让对方瞒不了自己。对各方面的知识都要懂一些，能说上几句靠谱的、有见地的话，别人则对你刮目相看。这需要从多种渠道涉猎信息，多读一些书，多去一些地方，特别是多尝试一些没有尝试过的事物，花钱买见识。见识决定你的视野、胸怀和格局。另外，就是口才要好，脸皮要厚，心态要稳，不骄不躁、不卑不亢。

我们常会说某些销售人忽悠能力很高，其实这也是知识面广的表现，一个销售人老说外行话是不能让人信服的，所以销售人员必须坚持学习，做个知识面广博的人。

一个优秀的销售人，往往能上知天文下知地理，在知识面上让人觉得他是个通才。销售人员接触的人非常多，这些知识一方面是在与人交往中学到的，但更多的还是靠自己平时的积累。

当今的市场节奏是非常快的，市场不允许我们缓慢地进步，所以销售人在入行以后必须快速地学习。在专业方面，你应该是专家，这当然不是要求你做像工程师那样的专家，你不必回答有关产品和技术的所有问题，但是你应该知道从什么地方可以找到这些问题的答案。销售人必须有自己的知识储备，你要了解业界的发展趋势，业界的历史与掌故，周围公司的产品，业界的时事，要有尽可能多的客户领域的知识，学会用客户的术语讲话。

此外，如果你有充分的知识储备或者有业余爱好，你会发现，不管这些知识和爱好是在音乐、文学、历史、体育还是在其他什么方面，都会对你的销售工作大有帮助。

3. 销售新人的五项修炼

现在的市场环境变化很快，如果我们满足于做一个狭窄领域的专家的话，那么按照市场的发展速度，几年之后，我们就很可能变成一个修钢笔的，技术是有，但是完全没有了市场。因为市场已经改变了，市场不再需要钢笔这个产品了。

传统的销售人需要进一步修炼，让自己适应这个瞬息万变的时代。销售新人必须完成五项修炼，这是我们这个时代营销工作的主导特质，我们只有经过了这样的修炼，才能够作为一个专业人士，去理解市场上已经发生的和将要发生的事情。

销售新人的第一项修炼，就是应该研究消费者的行为，知道他们喜欢什么、不喜欢什么是很重要的事情。在网络时代，很多企业之所以不能很好地完成产品的营销工作，在很大程度上都是与自己的消费者没有建立良好的沟通。企业和顾客的沟通可以从另一层面上明白自己卖的是什么。企业做销售时，感觉自己是在卖产品，可是顾客在购买的时候却不是这样的认为的，在顾客的心中，他们在购买的时候有自己的想法。

企业的想法不能代替顾客的想法，企业的目标是找出顾客潜藏在自己内心的想法，才能很好地找到自己的产品定位，才能让品牌表述和顾客的内心需求相一致。

在网络上，客户评价产品大多是有褒有贬，这正是企业寻找顾客价值的好机会。有时候产品不是质量和设计的问题，而是对客户内心的不理解，企业陈述产品的品牌寓意不能引起顾客的共鸣。很多人认为品牌仅仅是营销方面的问题，其实品牌的出发点应该是顾客内心的认知。

客户价值观是网络时代商业领域最重要的研究对象。企业在做好自己的基础工作之后，就需要将自己的发展战略和客户的价值观对接起来。

网络时代是每个企业都能把握媒体的时代，企业必须标榜自己是某一类人的代言人，自己的价值观和这部分消费者完全一致。企业即使不做电子商务或者不以电商渠道为主，也需要了解行业的本质。按照传统的观点，行业的本质在行业之中，但其实真正的行业本质在客户的心目中，客户导向是对的，企业就应该在客户导向的基础上超越客户的需求，满足客户的期望值。而这些事情之所以能够完成，需要深入研究消费者的价值观。

消费者价值观是产品虚拟价值的基础因素，包括品牌在内的企业和产品的形象工程，都是建立在对消费者的价值观的基础之上。

销售人培养自己的市场直觉，就需要研究消费者，如果我们不懂消费者，那我们根本就没有市场直觉，在这样的基础上去做客户服务，和盲人摸象没有什么两样。

销售新人的第二项修炼，就是要想成为世界级的专业人士，能够在市场透明的环境下生存下来，发展起来。因为家门口的竞争实际上就是世界级的竞争，如果我们只是想做一个小推销员，事情没有那么复杂；如果我们想做未来销售业的精英，那么我们的作为必须是世界级的。在大开放时代，竞争是世界级的，就像做手机就必须面对苹果、三星。

电子商务改变了顾客的心智，顾客可以轻易地把握一个新行业的行业本质。信息技术照亮了整个产业链，企业的经营环境变得透明了。所以我们说，在价值链当中，电子商务改变了整个链条上的每一个环节，它要求所有的生产制造商都要调整自己的经营策略，甚至整个企业文化和价值观都需要做出相应的改变。企业的经营环节变得透明，在运营上追求高效，这是企业面临的新挑战。

企业经营环境的透明要求任何一个企业都必须具有探索精神，而不是模仿精神。企业生存在自己独特的商业价值之上，才是企业未来生存和发展的常态。

精英销售人成为世界级专家，最重要的是内心无形的支柱。对客户的高度承诺，对商业问题极强的好奇心，严格的自律，对事实与逻辑的尊重，具有信念，这五大元素构成了支撑一个人成为专家的精神支柱。做到这些，就能成为一个杰出的销售人，如果能够成为一个杰出的销售人，也就能够成为一个企业的老板，因为销售人和老板的位置之间，距离一直都是最短的。

销售新人的第三项修炼，是一定要有自己的企图心，要有自己的梦想。德鲁克说，管理者一定要志存高远，换句话说，销售人一定要志存高远。要么做成伟大的事业，要么什么也做不成。即使在做平凡的小事，也需要有梦想。

世界上有两种人，一种是影响别人的人，一种是被别人影响的人。而作为一名销售高手必须是一位影响别人的人，因为竞争的存在使销售人员不得不增加对客户的影响力，让客户由开始的拒绝，到后来的喜欢，觉得你是一个有意思有魅力的人，到最后的离不开你。

销售人必须具备专业素养。销售素养就是你做哪一行的销售，就要具备这一行业顶尖销售的气质，让别人一看就知道你是这一行的专业销售人士。就像一位成功的学者，哪怕他穿得很朴素，我们一眼就可以看出他的眼神中充满睿智。要提高自己销售素养，就要注意自己日常的行为和举止，经常反省自己的不足，改正自己的错误，只有通过坚持不懈的日常修炼，才能具备真正的销售气质。

销售新人需要有一定的先见能力，这是他们应该完成的第四项修炼。先见能力在于能够预见到行业即将发生的颠覆性变化，并跟上这种节奏，帮助企业转型。把握住变化的节奏和规模，把握住行业未来竞争的核心竞争要素，认清新的市场并能够否定过去的成功经验，探索新的制胜之道。

对于一个人的生存发展来说，发现市场趋势的能力是最了不起的洞察力，站在未来，回溯现在是一种能力。销售人要做这样的修炼，就能够为自己找到一个最好的位置，站在面向未来的平台风口上。小米手机老总雷军说："站在风口，猪都会飞翔。"在趋势面前，识别它，顺应它，借助趋势飞翔，这是人生成功的不二秘密。

销售新人的第五项修炼，就是必须勤勉。这是亘古不变的做事法则，也是成为职业精英的必经之路。无论在什么时代，质和量都是成就事业的主要参考点。销售人一定要在质和量上同时做好事情。

如果前四项的修炼都是为了擦亮自己的眼睛，那么这第五项就是职业实践，没有行动就没有未来。销售人在行动的过程中，不要给自己设定任何限制，无界的思考方式加上无界的行动力才能保证未来的竞争力。

回到一个很具体的问题，任何出色的销售人都必须拜访大量的客户，这就是勤勉和敬业。访问量的高低与个人的目标定位有很大的关系，这种联系往往是隐性的，但却很关键。拜访量就像一个能引出甘甜泉水的渠道，只是你不知道开垦到什么时候，才会有美妙的清泉喷涌而出。

通过大量的拜访，我们把对工作的热爱和追求传达给每一个客户，让更多的客户受到自己的影响和感染。

销售新人的五项修炼，是基于网络时代的新社会现实，需要销售人进行自我管理。几乎每行每业都在发生结构性的改变，我们有更多的机会站在风口，随着机会一起飞翔。

4. 真心地与客户交朋友

销售是一个与人互动的过程，其实销售这个行业本质上就是一种生活方式。中国人的交际方式能够完全在销售过程中体现出来。对于大客户营销来说，先做朋友后做生意基本算是一条铁律了。做大生意，你就要成为客户的圈内人。销售人交朋友的目的就是为了能够进入客户的朋友圈子，并且在圈子内共享信息和生意成果。

一个人能否成功，不在于你知道什么，而是在于你认识谁。这是销售成功的一个重要的特质，在中国这种关系型的社会中，你必须有这样的人脉圈子，销售人需要不断地和客户交朋友，在职业生涯中建立自己的人脉网络。

人脉是一张销售人通往财富和成功的门票，所以投资于人脉，投资于前途远大者，是在商业社会里成功的基石之一。也许得到回报不是在今天或明天，但是从一个销售人的长远职业生涯来看，这种投资是非常值得的。这种投资，不一定是投入钱财，而是真正地用心去与他们交朋友，人与人间的关系，是不断变动的。两个人相处，不是愈来愈互相信任，便是愈来愈彼此猜疑。要想保持友谊，必须适当地互动。一旦静止，彼此就疏远了。人脉管理的关键在于互动。

人脉经营不在于知，而在于行；不只在于行，而且在于持久地行。总体而言，要想增加自己的人脉资源，就要不断地向别人传递自己的价值，尽力去帮助自己的朋友。付出终会有回报的，帮助别人，用现在流行的话叫“攒人品”。大家看到我们周围人脉广的人，大多都是热情助人的人，对人不冷不热者很少有广泛的人脉资源。

小万是北京一个医疗器械集团的销售代表，现在医疗生意很难做，每一单明里暗里的竞争很复杂，你是院长的朋友，我也是副院长的朋友，一个单子就有几个厂家在争。院长都不知道这个单子该给谁了。

做销售不仅仅是钱这样简单的事，因为这不是困难年代，根本就不在意多一笔钱，少一笔钱，关键还是图个投缘，开开心心。在湖南一个地级市医院的竞标中，小万知道院长是当地书法协会的理事，而书法也是自己从小到大的爱好，勤练不断，还出版过字帖。

小万在拜访这位院长的过程中，看到了院长的书法挂在墙上，医院里有很多的题字都是这位院长的手书。于是小万就和他聊起了书法，本来只是一个短时间拜会，但是话题聊开了，却是从秦汉一直聊到当代，从柳公权、二王、颜真卿、黄庭坚、米芾一直聊到当代书法家，两人相当投缘。小万走的时候，院长对他说，好久没有这么开心了，自己这么多年来一直这样兢兢业业地做事情，很少关注自己的生活，能够坐下来跟小万聊聊自己的爱好，真是感到很开心。整个过程，小万没有说生意的事情。

小万和院长的交往，在表面上看来，根本就没有那么多的功利性。这位院长有机会就会主动约小万聊天，还和小万做了朋友。一个人只有在好朋友面前才会显出自己的真性情。

小万很自然的就拿下了单子，这位院长还帮他介绍了好几家同等规模的医院，又做成了一些单子。在这次销售中小万不仅得到了一个真诚交往的好朋友，还打开了自己的销售路子。

其实，我们生命中的“贵人”都是靠自己吸引过来的，他们愿意帮助你，是因为你身上有他们喜欢的东西。

销售人在职场之上找到认可你的人，这些人就喜欢你身上蕴藏的潜力；找到了门路，接下来就是经常沟通、经常进行情感维系了，并且要做到很真诚，能够使对方在心中给你竖起大拇指：“孺子可教也”。这些人不可能事事都想着你，所以在需要指点的时候你要主动接近，主动沟通，亮明想法，主动寻求帮助。

在漫长的职业生涯中，很多资深的销售人深深地体会到，很多成功可不是靠自己打拼就能实现的，这需要方方面面的因素，其中很重要的一条就是“贵人相助”。

一个重要的客户可以让自己的经济地位完全改观；上司的提拔使自己得到一个可以充分发挥能力的平台；得到一个朋友的欣赏，我们可以成为其核心销售团队的成员，不再仅仅是个销售人，而是成为企业里负责营销方面的创业者，甚至成为企业的股东。总之，那些可以在你职业生涯的关键时刻发挥作用的人、能够适时给你帮助或指引的人，都是你的朋友。

5. 明确告诉客户，你值得他信赖

获得别人信任不是一件容易的事情，这需要销售人在工作中检点自己的行为。光凭言语是不能获得一个人信任的，只有言行合一才能获得客户信任。所以在工作中，销售人需要创造让客户信赖我们的机会，用事实而不仅仅用语言来证明我们是值得信赖的。

其实，获得信赖不仅仅体现在我们销售工作中，也存在于企业内部。它能使企业内部形成团队，企业外部形成稳定的客户合作关系。如果人与人之间不信任，那么散伙和分手是迟早的事情。

销售人需要真心诚意地帮助客户解决你能解决的专业问题。我们的客户是这样看待问题的：你既然是这个产品的销售者，那么你理所当然就是这个产品领域的专家。有时候，获得客户的信赖，不是技巧问题，而是实力问题。专家级的销售人员很容易获得客户的尊重，因为客户能够在你身上学到东西。你的阅历和经验能够指点迷津，能够给别人指出事业或者人生奋斗的方向，优秀的推销者就是很多人人生的导师。马云就是这样的一个人。这不是因为现在马云成功了，成了世界级企业家才这么说，而是他在创业之初就有了这样获取同伴和投资者信赖的能力。

销售可以是一种广义的销售，也可以是狭义的推销产品的具体行为。比如一个老板将自己的愿景告诉自己的员工，获得员工的信赖，这样的行为算不算销售？当然也是算的，而往往广义的销售才能做成大生意的。

做事业的人需要具有对事业的执着，做销售人也需要一种对销售事业的执着，这种正向的执着能够产生很好的影响力，销售人推销的其实不是商品，而是自己一整套的发展理念和生活理念。当客户认同我们的理念，接受我们的产品和服务就是迟早的事情。

马云的合伙人，美国耶鲁大学毕业的蔡崇信，是一名具有国际大资本背景、优秀的私募基金投资业务人，就被当年还是蚂蚁规模的阿里巴巴的企业人马云说服。他折服于马云的伟大梦想，辞去年薪300万港币的工作，到阿里巴巴拿500元人民币的月薪。

马云从杭州开始了自己的创业之路，1999年3月10日推出的阿里巴巴英文网站，一度被《福布斯》等国际权威媒体报道。当年5月，蔡崇信从香港飞到杭州，代表公司到中国内地寻找投资项目。那次，他见到了马云，马云向蔡崇信谈了自己“芝麻开门”的梦想，谈自己要做全球最佳B2B，要做80年企业的远大理想。

会谈之后，蔡崇信参观阿里巴巴公司时，被眼前的情景惊呆了：在一间不大的屋子里，坐着20多个人，地上满是床单，一群“疯子”在那里喊叫着、欢笑着，仿佛一个大家庭。几次接触下来，蔡崇信“爱”上了阿里巴巴。“马云这家伙有能力将一群人聚集在一起，是个伟大的领袖，真的有能力做成一番事业。我要不要也加入这个冒险之旅的团队呢？”

于是35岁的蔡崇信向马云毛遂自荐，表示愿意辞职跟随，而且还带着太太同行，以示决心。当时的阿里巴巴前途迷茫，但是梦想让他脱下名牌西服，卷起袖子成为阿里巴巴“十八罗汉”之一。

在杭州湿热的夏夜里，蔡崇信拿着一块小白板，挥汗如雨地向员工们讲述何为“股份”“股东权益”，接着又帮“十八罗汉”拟出十八份完全符合国际惯例的股份合同。从这一刻开始，阿里巴巴这家“公司”，才有了最粗略的雏形。如果没有蔡崇信加入，阿里巴巴可能会是一个家族企业，会一直以“感情”“理想”和“义气”去维持团队。

当时，蔡马两人前往日本软银在东京的办公室与孙正义谈判。投资银行出身的蔡崇信，深谙谈判出价之道，即使两人明知当时的阿里巴巴体质羸弱，根本没有多少谈判筹码，但一坐上谈判桌，马云即发挥独有的个人魅力，大谈阿里巴巴美丽前景。一旁的蔡崇信虽然不多话，却在关键时刻，对孙正义前两次的出价勇敢说“不”。最后两人“完美搭配”，让孙正义点头答应拿出2000万美元，阿里巴巴也凭此躲过了互联网泡沫破灭带来的灭顶之灾。

2004年和2005年，蔡崇信再度替阿里巴巴筹资8200万美元，并合并雅虎中国，这两次重要的翻身，不仅让阿里巴巴有充足的资源建构淘宝网，也因合并雅虎中国，才坐稳今天中国第一大电子商务的宝座。

虽说在商言商，但我们销售人也不能缺少梦想，面对客户，我们需要表现出自己的眼界，这个眼界决定了销售人能够跟什么层次的人打交道。刘备可以三次拜访乡村野夫诸葛亮，起决定作用的就是诸葛亮有足够的眼界。

在商业上，客户的钱如果不是用来消费的，那么所有的钱都是投向未来的，如果我们销售人是有行业眼界的人，那么我们就很容易成为客户信赖的人。

马云将自己的梦想销售给了自己的伙伴，也将梦想销售给了软银的孙正义，并且获得了他们的深度信赖。孙正义说，我花 3.5 亿美元就是为了交马云这个朋友。可见在当代中国，马云应该算是最伟大的销售员之一了。在获得世界顶级精英的信赖方面，他远远地超越了许多人。

另一方面，有梦想并且脚踏实地做事的人也能够获得客户的信赖和尊敬。作为一个销售人，一定要好好地挖掘自己的潜能，管理好自己的业余时间，利用一切机会给自己“充电”，向行业高手取经，提升个人业务水平；销售人需要透彻地了解自己的产品，务实地完成自己的细节工作。

对于销售人而言，获得客户和自己的同伴信赖能够创造巨大的价值。在商业上，获得信赖的根本还是需要脚踏实地做事的能力。发现市场机会比学习市场营销更重要，如果我们销售的不仅是商品，而是给客户进一步发展的机会，那么我们的销售就会更加出色，能够获得更多的一流客户。

6. 自信，客户认同你的先决条件

自信建立在以往的成功之上，不管这样的成功来自于什么样的领域，都能够让我们在生活中积累自信。自信是一种心灵的能量，这间接地决定了我们事业的成功和失败，一个自信的

人，职业成功的可能性就增加了。

在实践中，自信不是一天就积累起来的。今天很自卑，明天就自信了，这是不可能的。自信是建立在自我证明的基础上的，任何人都要做一些让自己佩服自己的事情，才能够建立这种自我认同感。很多富二代不要家里的钱，而是自己在家族企业之外独立创业，这就是一个自我证明的过程，他们的目的就是向社会证明，我是个富二代，但是我照样有白手起家的能力。他们希望社会能够接纳自己的努力，给自己的人生一个新的定位。

一个不自信的人往往是连续的失败和挫折造成的。一个人活着，无论做什么，都不要自我放弃，自我激励是很重要的能力，自信的人无论碰到什么样困难的局面，在内心的深处都会觉得自己行。我们看到生活上、商业上的失败者，都是从自我放弃开始的。

"信心比黄金更重要"这句话，是心理正能量对于经济影响的最精确表达。人们的看法会影响人们的行为。如果信心形成了正能量，形成了正向的价值循环，那么，随着时间的推移，事物就会逐步向好的方向转化，一切都会好起来。一个人需要自己努力，去自我证明，逐步建立自己的自信心。一个销售人必须要有足够的自信心，这样他就能够给自己的客户带来信心。

一个拥有心理正能量的人能够激发自己，也能够激发别人。能够激发别人的人当然会成为领导者，不管在企业中，还是在其他的非盈利组织中，他们能够完成自己本职工作之外更多的工作。他们能够超越自己的职位，去思考整个组织的发展方向和如何立足于现实去做改变。一个拥有强大正能量的人，同时也具有将愿望变成切实可行的行动的能力，是一个能够不断地进行自我完善的人，在自己的事业发展生涯中，能够成为一个领导者和管理者。

我们在企业组织中，也容易看到秉持心理负能量的人，他们自卑自闭，对于自己的合作者总是传递比较悲观的信息，而不是正面的信息。他们行事比较消极，总是在等待和拖延，害怕面对事情朝自己不利的方向发展。但是在心理学上有一个很普遍的规律，也就是所有的预言都会自我实现，所以在做事的过程中，很多时候他们也是尝到生活苦果最多的人，他们愁眉不展的形象也印刻在自己的交往圈子里，他们也会对周围的合作者造成一定的困扰。

个体的正能量从来就不是凭空产生的，我们从来就不认为成功学对于一个没有工作积累的人有正面的激励作用。但是有一点值得大家思考，也就是之所以称为“人才”的人，首先要认定自己是人才，是不可或缺的，这是一种天生的使命感产生的对事情的参与性。他认为他在某件事情上是带着使命来的。所以这样的人是能够持续地激励自己的，因为持续地努力，他能够成为这一领域的专家。成为专家以后继续努力，就能成为行业的高端人才。

销售人需要成为自己领域的专家，专家才能够为客户提供专业级的服务，客户希望你能够解决他们自己的问题。

销售人，特别是做大单的销售人，需要一种睿智而沉稳的性格，自信不是嘴上说出来的，而是一种自然而然的气质。自信是装不出来的，那些用成功学灌输出来的自信，只是在短期起作用，不要指望任何一个人身上永远具有正能量，永远自信满满，永远具有正能量的人不是疯子，就是狂热者，而狂热并不是正常的生活状态。

工作中，激励一个人的时候，我们总是希望工作成果能够带来自信，然后这种自信又反过来不断地积累正向思考，获得解决问题的能力。大体上，一个个体良性的心理能量积累，都是这样的一个过程。

7. 设定目标，让自己成为专业人士

日本战略家大前研一写过一本书叫《专业主义》，他提出：不管做什么事情，都要变成专业人士。销售人在职业生涯第一天就需要确立一个目标，那就是让自己成为一个专家，这样的追求一旦成为我们的目标，我们就能够像专业级运动员一样地对待自己，而不仅仅是为了娱乐自己。从这个点上来说，销售人需要一种理性进取的精神。

什么样的人能够成为专业人士呢？大前研一认为，真正的专家必须具备四种能力：先见能力、构思能力、讨论的能力以及适应矛盾的能力，这几种能力能够帮助我们在快速变化的世

界中找到方向感。

大前研一所说的专业人士，实际是善于提出解决方案型的人，多数情况下都是客户的商业顾问。这个时代催生了很多行业，而每一个行业也催生了许多似是而非的专家。每个企业的领导者都声称自己一定要成为“领域内的专家”，而他们说的“专家”仅仅具有狭隘的专业性意味，迥异于大前研一所提出的专业人士概念。大前研一指出，后者优于前者最明显的两点就是“洞察力”和“判断力”。他断言这两种能力通过主观努力和学习可以锻炼成功。

成为专业人士是经过长期刻苦训练的结果，这就要求销售人不断地学习，培养自己的创造力。

现在的客户已经见多识广，在这个信息发达的时代，销售人向客户提供基本的产品和服务之外，还需要一种解答咨询的能力。这种能力的有无，就是区分专业人士与非专业人士的标志。专业人士不是一个专业技术人才，也不是一个专门知识的人才，而是一个有格局的商业顾问，不仅能够帮助客户解决现在的问题，也能站在专业立场上给客户提出更好的想法，能够成为帮助客户发展、值得客户信赖的伙伴。

金先生做服装布料销售之前，在一家大型的电子商务公司做过几年销售，所以在电商营销领域是一个专家，善于钻研的他在这方面积累了丰富的经验。

现在，金先生的客户都是服装企业，很多企业都没有进行电子商务的销售，金先生就自己准备了一个服装企业电商化解决方案的课件，每次拜访客户的时候就会跟客户讲，自己可以协助企业去做电子商务的解决方案，能够指导企业实现电子商务转型。而这些都是加工型企业转型必须要走的路。很多企业主动邀请金先生去自己的企业讲课，那些企业的领导层都坐在下面，很认真地听课，还和金先生互动。金先生将自己的布料使用的情况在课件中也进行了详细的讲解。通过这样的活动，客户都在这些课件指导下得益了。

金先生成了很多客户的电子商务顾问，和这些企业老总形成了类似于“师徒”的关系，他成功地让好几家企业实现了电子商务转型，创立了自己的网络服装品牌，实现了企业利润的大幅度提升，这些企业老总对金先生也是尊敬有加，很多企业都主动邀请他到厂里进行经营方面的探讨。至于布料销售，那些企业也成了金先生的铁杆客户，他们在回款的时候，都是优先给金先生付款。很多人都帮他寻找新客户，因为这些企业主都说，金先生，你和其他所有的布料销售商都不一样，你完全是站在我们经营的角度，给我们提供更多的帮助，为我们找到了转型的路。我们从内心感谢你带来的帮助。

金先生实际上就是一个新时代的专业人士，他能够站在客户的立场，用自己的知识帮助客户创造更大的商业价值，当客户离不开你的时候，做成生意自然是水到渠成的事情。

服装加工是一个苦活，加工的利润很薄，如果没有自己的渠道，只能被钉死在产业链的最低端。金先生认为，一个服装加工厂平淡无奇，但是在一个有创意设计师的领导之下，加工厂立即就会变成时尚工厂，企业就能换一种活法。这种企业在大型电子商务的平台上很容易获得消费者的认可，因为消费者认同设计的价值。企业经营的重心从做加工到卖时尚之间并没有一条跨越不了的鸿沟。这就是“设计立企”的典型变革。

金先生还认为，电子商务时代的工业设计，需要企业做到很开放的心态。企业在设计上所下的功夫，必须能够让顾客理解，最好的方式就是让消费者参与进来，共同完成产品的设计定义。设计可以创造价值，但设计概念必须能够传达给消费者。

对于生产企业来说，这些观念都是很实用的，这极大地拓展了企业的知识边界。以前，加工厂重点在加工，而现在，金先生告诉他们商业沟通的作用。在电子商务活动中，沟通处于非常重要的地位。设计是一种信仰，沟通是一种信仰的传达，如此理解，就能深入理解设计的价值。

这位金先生是一位销售人，也就是大前研一所指的真正的专业人士。

第三章

拿下客户，情感是打头阵的先锋

销售人明白，要想搞定人，首先需要一颗真诚的心。商场就是情场，不用真心，不讲情感，如何长期合作互信？在一流销售人的身上，我们能够找到他们销售成功的特质，他们有自己的个性和做事策略，他们不断地学习，有持续的热情，能够做到思维无界，接纳不同个性的人，他们能够不断地转换自己的角色，让自己和客户打成一片，不分你我。

EXCELLENT SALESMEN
KNOW HOW TO COMPETE

1. 要想钓到鱼，就要像鱼那样思考

如果我们想给销售人的仅仅是一些推销技巧，那就不是我们的本意。举一个例子，有一个孩子跟当老板的爸爸说："老爸，我要去读 MBA，学营销。"这位老板叫来公司的销售总监，跟总监说："带我儿子去跑一线。"他转身对儿子说："我保证你在一线拼三个月就足以抵得上你读三年的 MBA。"

事实也是这样的，销售的技巧很少，用三个月来实践，就能够掌握销售中的基本技巧了。但是提升个人的修为，三个月足够了吗？三年足够了吗？这可能是这位老板不能回答的问题，因为很多人最终会发现，决定你事业高度的就是你自己的格局和见地。MBA 只是一个学习的方式，不管怎么样，销售人都要学习，不用心的话，什么方法也不能提升格局。

适应这个时代，理解这个社会正在发生的事情。作为销售人，如果没有体验的话，那就很难走到营销将帅的位置上。现在是网络时代，营销在不久的将来都会扁平化，无论面对怎样的客户个体和消费者群体，营销都需要新的思维。

这个时代最难把握的其实还是消费者的心，一个销售人的成败的核心就是能否和消费者展开对话。对话是平等的，如果

消费者是鱼群的话，他们的口味一直在变化，我们只有成为鱼群中的一条鱼，才能知道他们所想所需。

小米 CEO 雷军的互联网思考就是和消费者紧紧联系在一起，不分你我。让消费者在一个网络虚拟社区中来参与产品的设计和创意，这在传统营销模式中是办不到的事情，现在消费者不仅仅是消费者，他们也是生产者。

高效的销售就是将产品通过最新的渠道送到消费者手中，而不是沿着找总代理、经销商和最终用户的老路。这样的营销道路是当下很多企业正在做的事情，小米的营销模式就是站在最终用户的角度，和消费者去做互动，中间没有代理商，没有经销商，所有的人都是小米的用户，你骂雷军，你赞扬雷军，你批评小米，你赞誉小米，实际上都是在参与企业的产品营销。

有消费者的直接参与，雷军就可以称自己做的事情是伟大的事情。雷军称，伟大的产品永远不会抄袭别人，如果别人说你抄袭，只能说明你做得不够好。就像乔布斯的“苹果”，把产品的任何一部分都做到极致入微，极致的好，就会走到行业的前面。

因为雷军的小米手机一直就是消费者口味和感觉的结合，所以雷军就有了底气，将用户与产品融为一体，这颠覆了传统的营销，因为小米手机在本质上已经是一个“众筹游戏”。几百万消费者和雷军、小米一起，创造出大家都需要的手机。这个手机不是市场任何一款，而是他们喜欢的、自己想要的那一款。

雷军懂这几百万人，他们所做的事都是为了这几百万人心目中的小米手机，同时，在这样的基础上去构筑自己的营销道路。也许，这种进化了的大规模定制模式会成为很多产品新的营销方式。

正是因为雷军已经精准地把握了自己的营销社区，所以他知道自己客户是怎么想的，企业在采取行动的时候，就能有效地针对消费者的需求，将公司所有的资源都集中到满足客户需求当中来，达成对消费者需求的快速响应。雷军总结自己闯荡互联网的七字心得为“专注、极致、口碑、快”。在他看来，专注于做一项事情，做到极致，在业界获得较高口碑，赢得别人的称赞，并时刻对企业“提速”，快节奏发展，才能立于不败之地。

当然，在国内，每一种新的营销方式都有存在的空间，销售人可以了解最酷、最前卫的销售方式，也需要理解关系型社会中的一些规则。比如我们在获得某一国有企业订单的时候，雷军的销售方式就完全不适用。我们还是需要一个一个地搞定我们的客户，理解并琢磨他们背后真正的个人诉求。

可能某些招标销售就是在于私下利益的平衡，这是桌面下的事情，很多销售人争取跟客户关键人进行均分利益的资格，但不是所有的利益都能够呈送上去的。有些销售就是一个资格赛。销售人在推进这种销售方式的时候，其实每一步都是学问。不过也不是那么神秘，那些看似高高在上的客户其实也是人，他照样有自己的喜爱偏好，只要有爱好，就能够接近。

跟客户是一个很痛苦的过程，需要投入金钱和精力。我们在跟客户的时候，总是需要思考自己能够为对方带来什么样的利益。这种利益如何安全地达成，几乎是销售人思考的核心环节。

不管是搞定消费者群体，还是客户个人，我们都需要了解他们在想什么，杰出的销售人会在这个地方下工夫。销售人能够帮助企业在“不可预知的时代获得可预知的结果”，帮助企业获得更多的利益。

销售人不管搞定哪个类型的客户，这里有四个基本原则：与所有的利益关系人建立信任关系；卓越的执行力；用更少的行动带来更多的结果；化恐惧为激情。如此，加上一颗同理心，就可以了。

2. 拿下客户，情感是打头阵的先锋

销售人需要做能读懂人性的人。销售人要与客户保持长久的关系，是建立在人与人的信任基础上的，信任是一种深刻的情感。所以拿下客户，情感还是打头阵的先锋，我们在任何时候，都不要忽视客户的情感因素。

在这个世界上，一个人的生存状况，除了个人能力之外，人际关系也是很重要的一环。有时候，你在能力的靶子上打出 90 环，也比不了交情靶子上的一个 10 环。很多销售人都是经

营人际关系的高手，他们利用各种各样的人脉在政商两界游刃有余，尽情演绎销售工作的精彩，让很多刚入行的销售人难以望其项背。

善于和自己的客户培养感情，是一种必要的能力和修为。销售人注定是要随着客户性情走的，自己的频率和客户内心的频率必须在同一个频道上，才能够相互协调，形成共振。

真正有意义的人脉关系是专业化的客户朋友关系。这需要良好的人际关系基础，必须学会和各种客户打交道，学会和他们交朋友。认真合作，配合做市场。这种人脉关系是建立在尊重的基础上的，是靠专业的销售知识来维系的。客户永恒不变的话题是获利，因此有必要让客户感觉到你做事认真、敬业踏实，你在做生意上比他强，比他专业，你能教他很多做生意的方法，能帮他创造销量和利润。只有这个时候，客户才会尊重你，相信你，才会同你合作，毕竟，所有的关系都是建立在商业利益的基础上的。

做好了这个基础，再谈商场上的情感吧，毕竟，在商场上很难找到那种做不好事情，还会不舍不弃的朋友。这又回到了一位老总的一句话：我和我老婆感情特别好，但是理发这个事情我肯定不找我老婆。销售人做好了事情，剩下的感情该怎么拉就怎么拉，“下过乡、扛过枪”也是一种情感连接，销售人就需要创造更多的机会和客户在一起联络感情。

情感可以是一种针对客户的情感体验，也可以是一种情感营销的策略，这就要看销售人如何去看待情感营销了。

在高档化妆品的销售中，品牌化妆品都拥有自己忠实的用户，这些爱美的女士在很多年的时间内，一直使用一个品牌的化妆品。例如，资生堂的国内营销策略就非常注重感情营销。

一位资生堂的门店经理说："要想一位顾客在一次购买行为中对一种产品产生感动，就要满足消费者某种内心的需要，引起心灵上的共鸣，从而在主观上产生感动。比如说，资生堂开发情感产品、制定情感价格等。一些新的产品会馈赠给老顾客使用。每次，顾客来到店内，营销人员和专业人士就会为顾客提供个性化的服务。这是我们很喜欢的事情。"

在营销互动中所创造的情感化举措使顾客感动，它有一种"润物细无声"的意境。人性化的服务、处处为顾客着想，资生堂立足中国市场，一直强调自己适合于中国人的皮肤，更懂中国顾客，这也能让中国顾客更加信赖这个品牌。

从化妆品营销就可以看出来，与其说情感销售，不如说真诚营销，培养感情既不是出发点，也不是目的，只是整个过程之中的一个节点。客户往往有非常强的防卫心理，只有用心去做，真诚待客，在服务过程之中，顾客和销售人之间才会有比较强的情感纽带。

情感策略在针对女性消费者和感性思维的人，是非常有效的营销策略。

人的心理包括心理过程和个性心理两个方面。个性心理是外人难以在短期内施加影响使其改变的，营销也只能顺势而为；心理过程包括知、情、意三过程。"情"指的就是情感过程，它是在认知过程的基础上产生的与人的社会性需要和意识紧密联系的内心体验，这种体验一般通过个体有目的的、自觉的支配和调节，即意志过程外显为行为。

销售的过程中，消费者从产生购买欲望到实现其购买行为，是由多种因素促成的，而情感时常起着决定性的作用，它可以影响消费者的意志过程。情感战胜了理性，在消费行为中也是随处可见。

如果各种生产经营行为都能从“情”字切入需求，找到企业与顾客情感沟通的纽带，进行准确的定位和有分寸的“切入”，使消费者持续不断地感受心灵的冲击，潜移默化地影响客户的心理，从而全力激发其购买意识，达到“润物细无声”的巧妙作用。

销售人要想影响消费者的情感，必须抓住情感营销的核心：跨越由认知价值所获得的满意、喜欢等基本情感，进而为客户创造情感的体验，其中提供情感附着只是方式和手段而已，这种情感的创造对消费者来说是更高层次的心理需求满足和享受，与最新的营销概念“物超所值”同根同源。因为，在多数情况下，这时候的购买行为已经成了帮助自己的朋友，也满足了自己实用和内心的真实需要。

财经作家邱伟说：“情感营销是一道篱笆墙，它可以将自己的顾客留在自己的领地内。”“现在顾客越来越难伺候，不但要性价比，而且让你搞让利促销。所以如果我们只提供产品、服务及肤浅化的价值创造，已越来越难于满足顾客多样化、个性化的需求，更难获得顾客的忠诚。而只有在让客户满意、为客户创造价值的基础上，使用情感营销，在情感互动中为客户创造感动才有可能持久地维系客户关系。”

3. 客户喜欢顾问、专家式的销售人

虽然我们学习了国际上的各种经济理论，看过很多国际管理大师和营销大师的书，可是销售人每天能落到实处的事情，就是带着自己的产品资料到处拜访客户，到处找关系，托人牵线搭桥找到我们的直接用户，这基本上算是一条捷径了。

我们看到的关于市场销售经验的书，多数都是发达国家营销类的书，在成熟的市场经济中，一切是靠产品说话的，靠的是创新或者品牌的不可替代性去赢得市场，这样的企业实际上都是很有竞争力的企业，销售人在这样的企业中能够拥有职业底气。你不是我的客户不要紧，我的客户就在这里。

顾问式销售和专家式销售其实很符合国际标准。大家很少看到德国的销售人在市场上满街跑。比如在印刷行业，没有人不知道海德堡这样的设备制造商，这是无人能超越的企业，他们是典型的行业隐形冠军。德国很多的企业，哪怕只是生产一个工具，也将产品做到了世界一流的品质。这样的传统实际上是对销售人最大的职业支持。德国企业在销售的过程中，往往是一个销售人加上一个工程师，或者是合二为一的客户沟通方式，这些专家能够现场对企业的问题进行判断，然后用自己的

知识提出中肯的建议。

这些走在营销一线的专家实际上一方面连着客户，他们用自己的知识解决客户的问题；另一方面，这些技术专家和顾问能够将客户的问题带回企业，这又促进了企业的创新。我们一般的营销人总是想将自己的产品和服务销售出去，但是没有将外部的真实需求带回企业，实现企业内外信息的连接，这是一般营销和专家式营销的区别所在。

其实，客户很喜欢专家式的销售人，尤其喜欢那种具有务实精神的人，因为这样的人能够跟他们去分享知识。一个一流的企业才可能会意识到将专家放在销售一线实际上是一件正确的事情，因为这代表了企业最重要的资源前移了。这种前移代表了企业服务客户的能力增强了。其实，专家直接面对顾客，这会引起企业战略变革，能够帮助企业适应千变万化的市场。

我们在接触客户的时候，专家式的销售人员能够站在客户的立场，提供很全面的咨询服务。销售的过程会变成一个理性的，具有建设性的过程，而不是简单的买卖。客户想要的总是更多，专家除了能够给他们产品之外，还有更多的建议。

专家具有和企业客户各个层面进行对话的能力，而除了他们，在企业内部很少会做出内外关联性的讨论，这种讨论能够帮助客户为商业问题寻找到答案。顾客是朋友、是与销售人存在共同利益的群体，好商品是顾客真正需要的产品，服务本身就是商品，服务是为了与顾客再沟通。可以看出，顾问式销售将销售人定位在客户的朋友、卖家和顾问三个角度上。因此，如何扮演好这三种角色，是实现顾问式销售的关键所在。

专家级的销售人在很多复杂业务的推进过程中，具有十分重要的地位。大众消费品不需要太多的技术含量，销售人可以将自己的主要精力都集中在客户关系维系上。这样可以得到很多亲近的客户，能够和客户形成一个长期的联盟关系，可以构建自己的关系网络，也有机会帮助自己的企业建立更加紧密的合作关系。

如果销售人销售的是标准的消费品，那就将自己变成经营人脉的专家。我们看到很多优秀的销售人员一单接一单地成交，真正的秘密不是这个人的能力超强，说服能力超强，而是他的销售行为符合了组织行为的规律，他知道如何利用私人的关系力量推动自己的工作取得成效。

专家服务能够让客户产生专业依赖性，这种专业上的信任比单纯的感情联系更加具有建设性。企业本质上经营的就是知识，所以销售人作为一个知识工作者的面目出现在顾客的面前，这是顾客最愿意接受的事情。

专家销售人和客户建立的是一个全新的知识联盟体系，而大前研一所说的专业人士能够和客户在一起讨论战略和战术问题，是一个普通的销售人所不能达成的任务。专家销售人给客户带去的其实不仅仅是商品，也是企业进一步发展的机会，这种机会也许是专家销售人带过来的观念，也许是和客户在讨论过程中出现的新的创意，这种额外的价值是不可限量的。所以，这是客户喜欢行业专家销售人的原因。

4. 别让客户觉得你只是为了赚他的钱

对于新销售人而言，做销售实际上是帮助客户解决问题的过程，或者满足客户需要的过程。销售人都要有这样的认识，我们是商业价值的提供者，而不是去赚客户的钱。不错，销售人是赚客户的钱，但是这个钱是客户愿意给我们赚的，因为我们向客户提供了更大的商业价值。

客户的观念各有不同，有些客户确实会认为，你去推销东西的时候，实际上是在觊觎他的钱。如果销售人给予客户的是企业发展新机会，那么情形会完全不一样。如果我们能够让客户真正得益，思考如何给客户带来好处的话，那在内心里，销售人就会比较自信。一个有一流竞争力的企业，销售人在客户面前也是很受欢迎的。市场本来就是优秀资源稀缺，如果你足够优秀，也就不要担心客户会怎么想。

王先生是一家艺术品销售商，他代理了很多当代艺术家的作品，将这些作品推荐给那些住在别墅里的“有钱人”。王先生的客户都是一些企业主，或者大企业的金领。王先生说：“其实我的客户都是一些精明的商人，他们对于钱十分敏感，对陌生人的防范心理十分重，因为出于资产保全的警惕，这样的人很难接近。”

但是王先生的业绩还不错，每年能够推出3000多万的作品。王先生说，不要看我的销售额很高，确实，这个数字在账面上不错，但是我的客户有反悔的权利，我承诺让客户购买的作品可以退回来，我们在销售的时候为客户提供了一个退出的机制，这解决了很多人的后顾之忧，特别是那些上百万的高价作品，客户很害怕自己的资金套牢，而我们提供的机制就是保证他们的作品能够变现，比如在我这里购买了一幅100万的作品，我们可以提供一定额度的借款，使客户能够完成短期周转。

王先生认为自己提供给客户的不是一个作品，而是给客户提供一个提升自身艺术修养的机会。他说：我和客户一起，为他们打开艺术市场，因为你知道，中国未来的艺术市场是一定会繁荣起来的，而且将成为富人理财的一个方向。我的客户之所以跟我合作，因为这也是一个学习艺术投资的机会。

王先生对于富人的理解是正确的。这些富人不愿意花钱去做一些无意义的事情，他们不会做任何无目标的事情，也不会毫无理由地花钱。富人总是将钱投资于未来的机会，对于发展他们是不遗余力的，哪怕投资有很大的风险，也会奋力向前。在发展问题上他们不管花多少钱，哪怕有亏损，他们也愿意去做。但是对于消费行为，他们却要求物有所值。我们不要以为他们购买奢侈品就是奢侈，其实他们看重的是奢侈品的虚拟价值。

其实王先生不只是一个艺术销售商，而是一个艺术经济人和客户的艺术投资顾问，他将自己的工作变成了商人群体和艺术家以及艺术市场的对话。这种接触让客户在满足艺术鉴赏需求的时候，能够提高生活的精神性。很多商人的全部兴趣都在金钱上，他们坐下来谈的都是生意经，这当然无可厚非。但是一个群体如果能坐下来静静地听取艺术前沿的报告，看到前沿的艺术动态，这会让他们思维变得无界，这样无界的思维，用在赚钱上，也会做得更好。

王先生说，我们组织过很多客户企业的创意会，我们邀请那些看似不着调的艺术家参加企业的策划会，在那些中规中矩的企业人中放入“一条鲶鱼”，期待在这样的会上能够获得更好的创意。而在这个时代，这正是企业所需要的。我们的老板客户对这样的事情很有兴趣，企业内部的员工也很有兴趣，相互都有启发。艺术家想，原来可以这么做。那些企业内部人也会想，人原来可以这样活着。这种跨界交流是有价值的。不要将所有的精力都集中在客户的钱袋子上，那样根本就不能做生意。

王先生的很多客户现在是企业家，也是艺术投资人和收藏家。他们以前不知道村上隆，也不知道沃霍尔，但是现在他们知道所有的绘画和艺术门类，知道每个艺术门类的机会和缺陷，这对于客户的人生来说，是一种进步。这些企业家给自己子孙留下来的不仅仅是金钱，还有家族的珍藏，以及对于艺术的鉴赏力。这些价值是超越金钱的。这就是王先生超越生意来做生意的营销策略。

一个销售人在服务客户时，只是想快速成交，每天装装样子，做做表面文章，传送几个信息就一走了之，那客户肯定会认为这只是一种表面服务。如果我们在服务工作中，能在那些基本服务的基础上，帮助客户学习一些营销知识、识别真假常识，与他们一起进行库存分析、市场分析，每天给他们带来新的市场信息，使他们的经营水平越来越高，那客户一定会感受到我们的真诚，我们也一定能获得客户的认同，与客户之间的感情自然而然也就会逐渐加深，甚至成为至交。

诚然，与客户交朋友，一定要把握原则，切不可利用职权为客户谋取不正当利益，更不得与客户相互勾结，搞违法活动，销售人一定要做事正派，要催人奋进，不要拉人下水。那些高价值的客户，几乎都会遇到拉人家下水的销售人。这对于个人和自己的企业，其实都是不利的，真诚服务永远是销售的不二法则。

5. 必须承认产品既有优点也有不足之处

销售人要获得客户信任，就不要一味地将自己的产品和服务说得有多好，我们只需要表达出这份自信就够了，其余的事情产品自己会说话。一味地自夸很可能会引起客户的反感。

在现代社会，坦诚和礼貌非常重要。当你以诚恳的态度与客户打交道时，效果是截然不同的。你越是坦诚，客户也就越能敞开心扉。如果你把自己藏得很深，客户也不会与你靠得太近。销售高手会以咨询者的身份出现，帮助客户从多个方案中进行挑选。他们时刻保持积极、乐观的心态，对自己、产品和公司都有极大的信心，并将之视为实现客户公司业绩改善方案的一部分。

来自上海销售美容器械的李月，在面对客户的时候，都十分坦诚地跟客户讨论自己产品的优点和缺点。李月的用户遍及华东和华北，主要销售一种祛斑和瘦脸的美容器械，这个美容机械价格比较高，客户都是一些美容店和美容城。客户对于产品采购都非常的认真，会对整个市场的情况做摸底调查。对此，李月都是主动提供信息，将自己产品的工作原理和性能都讲得很透。虽然，李月的产品在同行中并不十分突出，激光祛斑技术是市场上的成熟技术，面部瘦脸主要采用超声液化脂肪微创技术，然后用外红外进行恢复疗法。而李月销售的设备外型比较大，在工业设计上看来比较美观，很像大型医疗器械的样子。其实这样的设备是门店给终端客户看的，这种专业化的产品形象能够给终端顾客留下实力雄厚，看上去很专业的样子。李月实话实说获得了客户的理解。

李月在向客户介绍清楚产品的优缺点以后，她就会讲自己的产品如何帮助客户创造出更多的利润，为客户描绘一个使用产品后的经济状况的改善。由于自己较为熟悉华东、华北的美容业，她会给客户介绍行业内顶尖的一些美容机构是怎么做的，他们在使用自己设备以后赚到了哪些利润。其实，李月明白，客户真正关心的点就在这里。自己销售的设备，只要不存在大的缺陷，能够为客户赚钱，客户就容易接受你的产品。因为这样的设备对他们来说也是必需品。

优秀的销售人员能清楚地表达其产品将如何帮助客户创造竞争优势，并计算出自己的产品能为客户创造多少价值，或者节省多少成本，进而指出客户面临的问题，减少其购置产品时的抗拒心理。总之，专业销售人能够将客户眼球吸引到成效上来，而非一味关注购买所花费的成本。

客户想要对产品有全面了解，所以客户都对销售人隐瞒自己产品短处的行为很反感。当然，如何表达自己产品的短处也讲究艺术，这就需要销售人坚持自己产品是正向的，在不欺诈的基础上，销售人需要根据情况解决这样的问题，让客户答应成交。

若客户对于价格敏感的话，就少谈些产品短处的事情，避免客户拿这个事情作为交换条件，以此压低价格，所以这两个问题要分开，不能放在一起谈。销售人多谈为客户公司创造价值，在与客户谈话时尽量绕开价钱这个问题。销售人员把重点放在了提高客户的业务成果上，也就可以避免过多关注自己所面对的竞争对手。

为了有效实现个人能力的全方位发展，销售人要对公司自身的各项业务进行全面了解，不断拓展个人的产品知识，并将大量同行的成功经验学以致用。通过了解公司各方面的实力，掌握每种产品的毛利大概是多少，坚持不懈地学习，随着能力的提高，销售人就能逐渐明白每个产品、每项服务和每项业务将如何为客户创造价值。

其实跟客户表达产品缺点也是一个策略性的事情，客户参与进来的可能不是一个人，我们需要跟对价格不太敏感的人谈价格，跟对于产品短处不太感兴趣的人谈产品的短处。这样的话，客户碍于平行交流的情况，对于信息判断还是有利于销售人。这就要求销售人在客户公司找到支持者，这是促进业务开发的重要途径之一。有经验的销售人借助他们的内部支持者，来精心策划在客户公司内的营销网络。出色的销售人知道永远不能把一切都看成是当然，他们会改变意志不坚定者的立场，中立并同化敌对的思想，说服的技巧正是使他们影响力得以最好的发挥。

6. 一定要换位思考，从客户的立场出发

具有同理心是一个人成熟的标志之一。销售人需要有自己独特的个性吗？需要率性吗？需要很强的价值观吗？我们可以不急于回答这些问题。实际上销售人是需要大开大合的，也就是自己的频谱需要足够宽，只有这样，才能够接纳和自己完全不一样的人，才能够跟很多人打交道，不对别人提更高的要求，恰恰是对销售人的社交要求。

每一个人都有自己的诉求，这个诉求需要销售人去满足，这不仅仅是我们推销的产品和服务，也包括对于客户关键人的分析，销售人有时候需要对客户群体中几个人同时进行了解。去了解他们的不同的个性，然后予以协调。

销售人在做单的时候，会碰到客户内部几条线的人在评判

自己的产品和服务，有些人支持，有些人中立，有些人反对，这时候换位思考就能够发现，我们跟客户关键人交情这么好却没有给我们单子的原因。

有组织的地方就有亲疏关系，这是一种社会亚文化，虽然管理者都希望自己的企业亲如一家，实际上这是不可能的。在人群中，人们因为利益和时间分配的不平均，总是能够产生一定的亲疏关系，这也是正常的现象，从国家领袖到每一个个体，都是这样依据个人的关系远近来处理一些事情的。

亲疏关系在企业中就会形成山头文化，客户的采购部也会有山头，所谓“山头文化”就是指某一集体中的一部分人员组成一个以共同利益为基础的同盟，就如同占山头一样，在企业中形成一股股无形的力量，而其产生的效果往往是牵一发而动全身。

销售人在接触客户的时候，最主要的能力就是去平衡客户那边的利益。要知道，客户给不给你单子，除了他自己的意愿，还有周围同事对他的掣肘。这个时候就需要到客户的内部去进行解释，让反对我们的人能够理解我们，中立的人也来支持我们，这些都要站在对方立场上去解释，不要反对客户内部的任何一个人，与群体的沟通有时候需要足够的耐心。

张先生是一家广告公司的销售总监，这是一家4A公司，它的很多客户都是国内的知名品牌企业。张先生是一个很有个性的人，也是一个价值观念很强的人，这样的人按理来说是不能够很好地跟人打交道的，因为包括他爱人都认为他这个人太自我了。

然而，张先生的业务做得风生水起，很多广告主都认可他。这是因为张先生在工作中完全收起自己的个性，能够跟不同的客户保持畅快的沟通关系。而很重要的一点，就是在沟通的过程中，他能够将客户担心的问题，一个个地列出来，做出比较完满的解决方案。比如一个知名的速食面企业，突然中断了很多的广告投放计划。按照合同，张先生完全可以要求企业履行合同支付违约金，但是张先生没有这么做。因为张先生理解客户，他们产品的知名度已经足够，在网络传播的过程中，网民的自发传播突然就起到了主导作用。客户在这种情况下再投入几千万广告费不值得。客户总经理希望停止广告投放，客户品牌经理觉得需要保持投放的频度。于是张先生就写了两份报告，在报告中提出了以公关管理为主，内容传播为辅的新的宣传推广策略，代替原来的年度合同。结果客户讨论后同意了他的新方案，最后广告公司也没有什么损失。张先生站在了广告主的立场，解决了客户内部之间的分歧。这是值得赞许的，因为，客户立场永远都是正确的。

张先生认为，对于客户而言，自己只有建议权，没有决定权，如果过分执拗于自己的方式，则可能在做完一单后就失去了这个客户。要按照伙伴和联盟的视角去看待合作过程中的问题，这才是一个好销售人应该持有的态度。

面对客户，销售人首先要管理的就是自己。对于一个成熟的人来说，个性只在自己的内心里，而外在的表现则是一个人的面具。在面具之下，销售人收起自己的本我，变成了企业的一个功能单位。虽然隐藏了真实的自己，但是会更贴近一个完美销售人的角色。

企业在未来的发展更加注重塑造自己的外界形象，企业形象在未来也会和企业财富之间有更大的关联。销售人为了获得个人自我价值的实现，会逐步认识到顾客才是决定自己未来的力量，所以出色的销售人会将自己“自私”的一面引向“利他”的一面。在转变的过程中，销售人也就变成了情感价值和商业价值的双重实现者，将自己的职业信仰和顾客价值紧紧地捆绑在一起。

其实销售人的个性就是要妥协。管理学一般的原则是在企业里，管理者是没有朋友的，在其他事情上，管理者可以是一个有感情的人，但是任何感情用事的行为实际上都会带来判断上的偏颇，这不是个性，而是管理原则的问题。销售人需要理性地处理事情，同理心必不可少。

第四章

修炼口才，把话说到客户心坎上

人总是先学会说话，然后才知道该不该说，如何说，什么时候说。口才是人修为的体现，也是人整体形象的一部分。一个不修边幅，不努力提升自己的人无法在一些圈子中存在。不是人们势利，而是一个阶层隐性的准入机制，什么样的谈吐，什么样的生活方式，你的一言一行，决定了你属于哪个阶层，是否有跟高端客户对等交流的资格。

1. 一流的销售员，一定是一流的沟通高手

一流的销售员，一定是一流的沟通高手。无论在企业的内部还是外部，沟通成本都是比较高的。人之所以有聪明的大脑，一开始并不是适应环境的需要，而是为了社交和相互沟通。

销售人的沟通能力是在日常生活中慢慢锻炼出来的。沟通技巧是可以学习的，学会了沟通技巧也就有了职场生存和发展的能力。因为沟通不仅仅能够促进销售，也能够推动管理组织和资源整合，这不仅仅是销售人的能力提升，也是为以后职业生涯的成就奠定好的基础。

做企业、做营销必须有沟通能力，世界经理人网站有专业文章写道，平衡各方利益和整合各方资源的工具就是沟通，古今中外的管理者都是沟通的高手，良好的沟通是团队合作的基础。有人认为，当年，杰克·韦尔奇最成功的地方，是他在GE 公司建立起非正式沟通的企业文化。他强调只有“顺畅地沟通”，企业才能不断进取。韦尔奇所倡导的“顺畅地沟通”，就是治疗派系斗争的良方，这也是绝大部分参与讨论的世界经理人网站的用户的建议。

企业处于一种坦诚、沟通、协作的文化氛围中，员工会乐于沟通，易于形成共同的价值体系。韦尔奇在 GE 时，“希望

人们勇于表达反对意见，呈现出所有的事实面，并尊重不同的观点”。他说：“这是我们化解矛盾的方法。”

沟通是基础的企业管理方式，也是外部资源交换的工具。就本质来说，销售的过程就是沟通的过程，将一个陌生的客户变成自己的朋友，中间会有很多的互动。要想与客户交朋友，首先必须了解客户，既要了解客户的性格特点与爱好，又要了解其家庭情况；既要了解他的现在，又要了解他的过去。只有了解了客户，我们才能根据其特点，“投其所好”地与其相处。试想一下，如果客户是一个大大咧咧的人，你与他沟通交流时，却表现得文绉绉的，那你就不一定能成为他的朋友。如果一个客户是内向型性格，你在与其交往的过程中，却不拘小节，那你也不能成为这个客户的朋友。一流的销售人都是“变色龙”，能够跟各种各样的人交朋友。

小叶是企业内公认的沟通能力最好的销售人，她也没有什么秘诀。小叶对人很好，看起来也不是那种八面玲珑的人。言语也不是很多，但总给人很温暖的感觉。

在和客户交往的时候，她主要是做一个很好的聆听者。对于与客户沟通，在常态的产品推介方面，她当然没有问题，但是这在推销过程中不是重点。小叶觉得，让客户接受你，这是一个过程。每个客户都是活生生的人，他们有自己的喜怒哀乐，作为朋友需要关注别人的喜怒哀乐才行。在交往中，小叶总是对客户表现出很高的兴趣，在肢体语言中表现出喜欢客户这个人，或者比较崇拜这个人。这种亲和力是自然而然表现出来的。比如客户的孩子是个男孩，小叶去见客户的时候，就会给孩子买个汽车玩具等小礼物，这东西不用很贵，但却能表明自己在关心客户和客户的家人。

小叶有一个销售单子就是客户的孩子促成的。有一个私营企业主客户，一直没有跟小叶合作，虽然也拜访了好几次，但是客户总是很犹豫，不下单。

一个周末，她又去拜访这位客户，刚好该客户在厂里忙，客户的妻子和女儿也在企业里，小叶就和客户上幼儿园的女儿聊上了。其实这两口子平时工作太忙，对孩子关照太少了，小叶就和孩子在一起做游戏，逗孩子，和孩子画画。孩子玩得特别开心，小叶在告辞的时候，孩子哭了，哭得很伤心。客户的妻子也哭了，因为孩子一直住在幼儿园，一个月才回一次家，回到家两口子一直忙事业，孩子还是独自玩。客户妻子的委屈也一下子涌上来，跟小叶说了很多心里话。那天，客户坚持要小叶留下来吃饭，于是小叶就留下来了，和这一家人在一起吃饭，孩子也特别开心。

此后，孩子回家的时候，总是会想要小叶姐姐一起来玩，这个企业主还打电话邀请小叶到家里玩。后来，这个客户将自己企业的单子给了小叶，还帮着她找了五六家客户，小叶和客户的妻子也成了很好的姐妹。这种合作几乎成了牢不可破的关系，因为这已经深深地植入了个人情感因素。

人的生命中总有自己最柔软的地方，你能够触及到那个地方，其他的事情就都是小事情了，因为人需要一种感情的慰藉，这种润物细无声的亲近感恰恰是一个销售高手的秘诀。

对于销售人而言，如何才能学到这种高超的沟通技巧呢？

那些动辄能谈下百万千万大单的销售人员，他们能做下大单，语言只是一部分，更多的是靠自己的综合素质加上企业的市场地位。他们具有高超的语言技巧和社交能力，这些能力是怎么得到的呢？最好的方式是和销售高手待在一起。

销售高手身上的东西很多是意会知识，意会知识是只可意会、不可言传的知识，在实践中获得的经验和智慧很难用文字完全表述。它内含于特定的商界精英，根植于特定的制度网络中。只有那些进入特定的交流网络中的人，才可能有效地理解、学习和应用别人的知识。

新销售人如果要进步，那没有别的办法，就是跟着销售高手，像他们一样做事和说话，进入他们的圈子，以他们作为自己工作的榜样，有一天你也能做得和他们一样好。

2. 好的开场白是销售成功的一半

销售人个人推进的业务，留给客户的第一印象是十分重要的，这是一般的社交规律，人们在第一次见面的时候就会用直觉判断。判定面前的这个人能不能跟自己合作得愉快，如果判断是肯定的话，客户就会有进一步沟通的愿望；如果是否定的判断，那么销售人就会在客户心中留下一个刻板印象，以后要扳回来，变成好印象，就需要花费大量的精力。

而且，第一印象不好的话，即使合作了，由于客户有先入为主的潜意识，一旦合作过程中出现了问题，客户流露出负面的情绪，影响后面的长期合作关系。所以，一流的销售人知道，第一次，一定要给客户留下好印象。

语言是最有力量的，销售人开场的话是会影响客户的判断，所以和客户之间的谈话需要精心准备，当然这种技巧性的事情也有很多的处理方式。

对于销售人而言，拜访陌生客户其实是一个挺有风险的事情，在大客户营销的过程中，我们在接触任何人的时候，都需要做铺垫，这个铺垫其实就是事先说好话，这样的事先铺垫能够减轻客户第一次见面产生负面印象的风险。好的销售人不打无把握之仗，最好打开话题的方法就是了解对方，了解对方的职业、地位、人品，并在某种程度上做事前的调查，如此即使是初次见面，也能够配合对方的话题进行自由交谈。

和一般的消费品推销不一样，大客户营销需要综合的评估和充分的准备，小额销售有无穷无尽的客户，被一个客户拒绝还有下一个，所以不太在乎。但是大客户营销就不同了，在一个地区，适合销售人的客户可能就几个或者十几个，如果不认真准备后果是很严重的。

销售人其实就是一个特定圈子里的社交人，在非正式场合或者社交场合中，人大多数处于心情放松的状态，在这样的情况下，相对容易接纳一个人。所以销售人的吃饭和娱乐活动其实都是推进销售的过程，对于大客户营销，仅仅布局就需要很长的时间，创造机会接近客户关键人，与其做朋友。销售人都期待出现一个好的开头，那样后面的合作就能够顺风顺水了。

好的开头等于成功了一半。第一次见面，很多销售人不善于找话题，很困惑于与对方闲谈时该如何开口，尤其是对开拓市场，初次洽谈合作事宜的销售人更是如此。如果碰到准客户属于沉默寡言的人时，谈话更是雪上加霜，经常陷入冷场的尴尬气氛。

所以，沟通就要找准切入点。

第一次见面，主要就是了解情况，不能跟客户的价值观发生冲突，比如客户喜欢买一些一般品牌的衣服，日常也不是太讲究，你就不能告诉客户买服装一定要知名品牌，生活一定要讲究，这样就是在安排别人的生活，这是销售人的大忌讳。不要提出锋芒毕露的观点，那样很容易导致客户个人心理的疏离。

第一次见面，销售人好口才不是表现在说话多，而是说话说到位，几句话就能说到点子上，让客户自己感兴趣，并且能够和销售人员沟通下去。其实，好口才是一种人生的修为，有人语言表达逻辑性强，观点独特，那是一个人学养的外界表现。有人语无伦次，前言不搭后语，那是知识体系混乱，思维模糊不清的表现。

与客户初次见面，除了有些业务性质的谈话，加上客户急切的要求，往往要开门见山；一般沟通性质的谈话，多半是从闲谈开始的。与人闲谈，说些看来好像没有什么意义的话，其实就是为了先使大家开心一点，熟络一点，造成一种有利交谈的气氛。

然而就在这闲谈之中，销售高手从客户言语中就能判断出客户的价值观。价值观是一个人核心的东西，找到了它，你就能跟客户产生共鸣，所谓一见如故、相见恨晚就是这个意思。

这就是销售沟通之道，这在于销售人员平时点滴的积累。否则，学到的可能只是沟通的皮毛而不是沟通之道。

很多客户是商业成功人士，往往阅人无数，销售人员在精、气、神和语言方面的能力，只要几句话，客户就会对你做出一个最初的判断。良好的第一印象，就是与客户沟通的切入点。

销售人的高效沟通基于对本行业的现状和未来的理解，专业度很重要，专家级的销售人员明白顾客的需求，也知道自己能为顾客贡献什么，所以会给客户提供最能适应当下市场的解决方案。一问三不知的销售人员很难与顾客进行高质量的沟通。

高质量的沟通就是要求销售人员表现得很专业，在一次沟通之中就能了解顾客的价值观，弄清什么才是客户想要的，让顾客产生信赖感，并在信任的基础上做成订单。

3. 选择客户感兴趣的话题，使对方产生亲近感

出于人类自我保护的本能，任何人对于闯入自己工作圈和生活圈的人都有一些正常的防范心理，这就是陌生感，陌生感是一种很复杂的情绪。出于发展的需求，客户可能在心里既希望碰到朋友，但是自己的事情却也不想让对方知道。

在小额产品营销和电话营销过程中，这种防范心理其实表现得都非常明显。顾客往往急切地说“不要不要”就打发掉了推销人员。对于大的单子，客户也是一样的心理，在最开始的时候也有比较强的抗拒心理，只不过这些都是放在心里不说

出来罢了。

商场上充满了欺诈，这一点也是现实。三分之一的小企业倒闭往往跟商业欺诈有关，在商场上混迹多年的老手基本都受过商业欺骗，只不过不愿说出来罢了，所以客户的戒备之心肯定是有的。

销售人需要理解客户的心理，想去掉这种戒备心理就需要自己去努力，若与客户成为朋友，当然会更容易一点，即使如此，也不是就万事大吉，直奔主题了。从认识到信任，还是有一截路要走的。这个节奏的把握，只能靠销售人自己的本事了。

成熟的销售人员在拜访重要客户之前，总要找人推荐一下，所以销售人员的每一次交谈，都是人脉的积累过程。得到一个人的信任，他圈子内的人脉就可以为自己所用，这就是老销售人员都乐于帮人牵线搭桥的原因。有推荐人的生意，明话可以自己说，暗话可以托人说。

建立信任的方式是说服客户接受一个小单，这个小单可以一开始是为客户拾遗补缺的，没有关系，只要产品进去了，就有共事机会了，也就容易建立信任感了。这比口头建立的信任感更为牢固。

沟通必须有专业度，这是我们解释产品和服务的根本，骗子骗的是钱，他们对专业技能不了解，也不感兴趣。所以销售人员最好的武器就是专业，客户的问题恰恰是自己的长处。建立在专业之上的信任度会将所有的疑虑一扫而光。

在没有消除疑虑之前，销售人员忌讳过于热情，在信任度没有到位的情况下就称兄道弟，会显得轻浮。销售人员的形象，是能够帮助客户解决专业问题的形象。在专业度足够的情况下，只要跟客户说，我有共赢的思维，就足够了。

毛先生在一次企业营销课上讲述了他和客户的互动。毛先生是江苏昆山的一个企业的销售总监，这家企业主要生产PPR管。当年，毛先生下面一个业务员去开拓上海市场，一个大的管材经销商老张嫌他们的价格高，尽管业务员一直跟他解释，管子在制造过程要求做到一流质量，这样的成本肯定会高过一些在质量问题上做过妥协的企业，但是这个客户就是不买账，在价格上总是谈不妥。

于是毛先生就到上海跟客户老张谈判，进了老张的办公室，就看到老张办公室茶几上放了个围棋盘子。老张这个人很闷，可以跟你坐在那里闷半天不说一句话，也不知道他的生意是怎么做起来的。毛先生看到棋盘，于是就问老张，喜欢围棋吗，咱们杀一局。没有想到老张立即眉开眼笑，老张独独就是喜欢围棋，生活的乐趣就指望这个了。现在的年轻人很少有喜欢围棋的了，老张总是拔剑两茫茫，没有对手的棋手其实是最痛苦的。毛先生是围棋好手，两人在一起切磋棋艺，互有输赢。毛先生没有跟老张再谈生意的事情，而是就这样陪老张下棋。最后老张答应成为产品在上海的代理商，老张在签约的时候说了："你说你们质量好，其他质量好的管子也有，签这个约，我主要就为了交毛总这个朋友。你们看重产品质量，产品就是人品，我认毛总做兄弟了。"

对销售人来说，销售是一种双向的人品判断过程，面对客户的不信任，销售人员就要以诚恳的姿态，对客户的疑虑进行分析，并做出合理的解释，这一点还是要靠沟通，还是要靠销售人员的口才去解决问题。

拉近距离是一种学问，也是一个很重要的沟通技巧，销售人首先要放弃以自我为中心的思维方式，在话题和爱好上去附和自己的客户，这种附和，也是有条件的。比如客户弹过十年钢琴，那么他可能很有音乐造诣，你想跟他的兴趣对接，当然自己也需要有两把刷子。如果销售人和客户的爱好相合，那么就能够在短期内建立一种亲近感，因为双方在这个事情上马上就能够找到共同的话题。

谈生意的时候，好的销售人善于制造快乐的氛围，思维活跃，嬉笑怒骂皆成文章，他们将自己的产品和服务不经意间就传达给了自己的客户。销售高手在谈话的时候能够逐步顺应并抓住顾客的思维，然后引导客户的思维，当一次商业会谈达到能够牵着客户思维走的时候，成交就已经变成了水到渠成的事情。

4. 让语言与产品相匹配

销售人是靠嘴吃饭的，作为一个工作以沟通为核心的人，语言艺术就很重要了。“做人说人话，做鬼说鬼话”虽然是贬义的，但也说明了推销语言其实是分类型的。这是销售人的职业训练，也是我们必须要注意和掌握的东西。

卖什么，吆喝什么，这是销售的语言艺术，销售人所面对的工作环境千差万别，境遇也各不相同，从商场里的促销人员到大型企业里执行大客户销售的经理，在面对客户或者直接消费者的时候都有语言表达的问题。中国古人推崇的“拙于言而敏于行”的行事风格在此就不实用，在商场上的销售人员不但要“敏于行”，更要“敏于言”。

生动的语言表达是能力的倍增器，或者就是能力的一部分。古往今来的仁人志士，无一不是语言方面的高手，靠语言俘获人心是他们的能力。

销售人的销售不是去蛊惑人心，大量地获取支持者，但是道理和那些政治演说家是一样的，这个世界的本质就是营销。政治家销售的是治国方略，销售人员销售的是产品和服务。如果我们的产品和服务是具有商业价值的，在市场上是有竞争力的，那么剩下的问题就是向自己的目标顾客阐明自己的解决方案，这就变成了一个如何表达的问题。

老吴是国内某连锁大商场的销售经理，他不是科班出身，而是从基层售货员一步步干起来的。老吴说，售货员的语言一定要精确，无意中的一句话，可能对顾客来说就是一个刺激，让顾客觉得不舒服，顾客会扭头就走。经过语言培训的售货员的销售业绩比没有经过培训的人销售额平均高出20%，尤其是那些化妆品柜台，语言推介能力会更多地影响产品的销售。

老吴说：“对于一线的基层销售人员来说，不经过适当的培训就直接上岗是一种罪过。老的销售人员在长期的销售实践中逐渐积累起来的经验，可以用帮带的方式培训新员工。一线的销售人员应越来越注意到生动化的掌握产品介绍，对于迅速抓住客户、实现交易有着巨大的作用。据此，如果我们的销售企业能够拥有一套训练销售人员的生动化产品介绍的训练方式，无疑对提高销售人员的短期销售能力是非常有帮助的。”

一线销售人员的训练可以是程式化的，语音、语速、故事性的讲述方式完全可以事先设定，进行模拟演练。一线人员语言的生动性，是产品实现销售的直接推手，所以不得不察。产品介绍不是知识了解，而是销售动作，因此行动比知识重要，产品介绍的好坏需要一定的程序训练，而不是让员工自学成才，产品介绍是销售的基础动作，把这一点学好了，才能够学好其他的。

现在销售人专业化的趋势已经十分明显。不同的销售人会有不同的专业语言，这是需要学习的，需要销售人在专业上去做更多的修炼。比如，在外企做经理的，他们的语言会有很多是中英文掺杂的，而且可能用的就是英文名字，在什么地方都希望别人叫他们的英文名字。所以销售人也需要尊重他们的习惯。

你的语言类型必须匹配客户的语言类型。你要知道客户是什么样的人，比如你的客户类型是国企，你就要知道他们的话语里面会有很多与政治经济联系紧密的语言，并且表达自如，你需要了解一点政治化的一些语言，需要和客户有共同的语言频道。

但是，对于专注于大客户的销售人员而言，保持语言的生动性的训练就变得比较复杂，因为很难事先设定销售场景，而且话题也远远超出产品的范围。客户最在意的显然是利益而不仅仅是产品特征，“对我和我的企业有什么好处”就是客户的利益点。产品特征只是利益的支持基础，利益才是客户追求的根本东西。

对于开拓大客户的销售人员来说，销售人讲话语言生动是最基本的要求。还是那句话，语言的生动可以通过有目的的训练锻炼出来，但是销售人的内涵都在语言之外。

当然，我们如果想把话说到点子上，就必须对我们要销售的产品有充分的了解。只有充分了解自己推销产品的功效，才能深入地去了解客户的需求，从中找到相通之处，进行有的放矢地说服。通常，客户只买自己想要的东西，当你能够通过和客户交流，让客户感觉到你的产品就是他所需要的，你就能轻松地拿下订单，成功地卖出产品。

了解了说话生动的重要性，那么如何才能具备与大客户沟通的经验呢？这还是需要在生活中的点滴积累，也跟自己的工作环境息息相关。说话有意思，使一句普通的话从自己嘴里出来就能出彩，这需要生活的历练。

5. 把握好说话的节奏

能说话会办事是当下对一个人比较好的评价。销售人需要会说话，但是话怎么说，会有很多的细节，这些细节如果处理好的话，就能够和客户进行更加友善的互动。说话不仅仅是说话，也是一种情感的交流，语言会带上一种情绪。销售人在表达的时候，一定要注意言语中的情绪，实际上，这对于交流的结果会有很大的影响。

销售人需要知道自己的情绪是如何表达出去的，人的内在其实就写在脸上，这是隐藏不住的。如果一个人的情绪不佳，无论如何装，总会出现很多情绪化的东西，那么客户在和你交流的过程中其实是能够感知得到的。就像我们能够轻易地分辨出一个人是真笑还是假笑一样，我们虽然不能在语言上描述两者的区别，但是我们能够感觉得到。

在和顾客进行交流的过程中，实际上会出现两个角色，一个是合作者，一个是朋友，也就是一个是公，一个是私。处理好两个角色也是很重要的，想得到持久的关系，在交流的过程中就多说“我们”少说“我”，客户是交流的主角，这是自古不变的规律。在可选择的情况下，客户具有更多的主动权。明白了这一点，就需要知道，在和客户的交流中，即使你在生活中是一个很骄傲的人，此刻也需要站在满足对方的角度，去组织自己的谈话内容。

谈话节奏是一个很重要的问题。细心的销售人总是发现，位阶越低的人的语速越快，他们越可以快速地表达，多数情况下都有一种急切的想被别人认可的愿望，在这种愿望驱使之下，表达的过程无意中就变成了自我证明的过程，可能在一次交流中，这个新销售人就将所有能够说的话都说出来了。我们总会遇到上门推销的人，他们很急地说了一大堆的话，但那种急吼吼的表达，在大客户的营销中，则可能是一个笑话。

在我们日常交流的过程中，往往需要先找一个双方都觉得安全的环境，虽然现在不是原始社会，人在交流的时候需要防止野兽的袭击，但是安全感还是非常重要的。即使是那些高大健硕的人也需要一个安全的环境进行交流。而且在交流之前，你如果留意的话，所有人都会对新的环境做出内心的评估，这是本能。销售人在安排会面的时候，要重视环境因素。所以在什么时间说什么话，何时该说，何时不该说都是有讲究的。

南方人在交流之前，往往会给客人先泡上一壶茶，留一个让客户观察环境的机会，等到客户熟悉了环境再进行正常的交流，这不是没有科学依据的。

在与客户会面时，不管什么样的表达方式，都需要很阳光的态度。很幽默的人能够获得客户的喜欢，会心一笑能够消除销售过程中的沉闷感。想做成功的销售人，就要培养自己的语言魅力。有了语言魅力，就有了成功的可能。幽默可以说是销售的金钥匙，它具有很强的感染力和吸引力，能迅速打开顾客的心灵之门，让顾客在会心一笑后，对自己、对商品或服务产生好感，从而诱发购买动机，促成交易的迅速达成。一个具有语言魅力的销售人对于客户的吸引力是无法想像的。对于一个销售人员来说，培养自己的幽默感是一门必修课。

交流是循序渐进的，不是想怎么说就怎么说，要善于观察对方的谈话节奏。如果对方的谈话节奏比较快，那么我们也要和他们一样加快节奏；如果对方说话很慢，销售人就不要一个人快速地叨叨，多思考一下，自己是不是该放慢谈话节奏，不要说太多没有用和掉书袋子的话，而是简洁明了地说话，说顾客最需要听的话，使言语更加有内涵。

交流是分场景的，位阶比较高的人说话的节奏通常比较慢，但是他们的话是有内涵的，和他们交谈就需要动脑筋思考，然后将自己对他说的话的理解反馈给对方，这样他作为信息传达者才能显示出价值。

一位大酒店的老总，在暑假里准备给自己十岁的儿子进行财商教育。秘书说让孩子在酒店餐厅里卖玫瑰花吧，要求孩子不要说自己是老板的孩子就可以了，边上站个服务员看着。这种现场训练，在半个月中，我们帮他总结进步，这样的收获就会很大。买了玫瑰花的顾客在前台付账的时候，是可以免去玫瑰花的钱的，还有一个小纪念品赠送，这能够让进酒店的顾客有一个很温馨的感觉，这其实是一种对爱和爱心的小奖赏，有利于积累客人对于酒店的好感。

在酒店餐厅卖玫瑰花的小孩子其实就是一个控制谈话节奏的实践者，孩子的角色就是一个独立的销售人，孩子需要自己观察什么样的场景能够售出玫瑰花。老总要求孩子每天做记录，将自己的感悟写成日记。

第一天，孩子不熟悉怎么跟人打交道，不知道大大方方地表达，只是像背书一样将自己准备的话说出来。虽然第一天也卖出了几朵玫瑰花，但这样自说自话的方式，导致很多客人直接就拒绝了。在说话的过程中根本没有互动，孩子只是等到自己的话说完，然后客人给出肯定或者否定的回答。

过了几天，孩子已经学会用即兴的话跟客户沟通了，一个典型的例子就是三个人吃饭，一对青年男女和丈母娘。孩子观察分析大龄女士和女孩坐在一起，而男孩坐在另一边，孩子就做出了判断，这是母女而不是婆媳关系。

孩子走到了大龄女士的面前说："阿姨，我觉得你需要一朵玫瑰花。"

阿姨笑了，说："为什么我需要花啊?"

孩子学着老阿姨的口气说："大哥哥和姐姐有很多机会买花啊，而您需要叔叔给您买花啊。"

阿姨笑了："我的爱人不在身边啊。"

孩子回答说："阿姨，您家叔叔多长时间没有给你买过花了啊?"

阿姨愣了一下说："哦，也许有10年了吧。只有你姐姐给我买过花。"

这时候，在边上的男孩说："阿姨，今天我一定要买一朵玫瑰花给您，我以后也一定给您买花。"

于是男孩买了两朵玫瑰花，一朵给了准丈母娘，一朵给了自己的女朋友。阿姨在收到花的时候，满脸洋溢着幸福。

孩子在半个月推销玫瑰花的过程中，学会了和很多不同的人打交道。这个孩子开始懂得观察，学会了在几个人的人群中找到能够买单的人，然后找到接受玫瑰花赠予的人，并且中立那些拒绝者，甚至和拒绝者进行交流。孩子学会了在交易的过程中控场，能够按照需求者的节奏展开对话。无疑，这样的实践活动是成功的。

一线的基层销售人，在向顾客介绍产品的时候经常会犯小错误。我们在卖场中，时常会遇到这样的销售人员，他们的产品介绍似乎在背书，缺乏生动性，客户会很反感，不能在极短的时间内引起客户兴趣，因而丧失了继续交流的机会。他们对自己的产品掌握不够透彻，仅仅停留在知识层面，很难融会贯通，也缺乏基本的语言修炼，只有自己明白，别人都不明白。

销售工作需要高质量的沟通，这是实现销售目标的首要条件，掌握并熟练地运用沟通的技巧，肯定会取得事半功倍的效果。

提升自身的沟通技巧，将更有利于自身业务能力的提升。拥有良好的沟通能力，才能以更好的业务水平去服务客户，更加有效地拉近客户与公司的距离，提升客户对公司的忠诚度，真正架起客户与公司之间的桥梁。

另外，这种高质量的销售沟通也可以为销售人员积累人脉，毕竟任何生意都是人的生意。任何事情只要考虑以人为本，给客户留下很好的印象，不仅可以在生意之中交到朋友，也能在销售工作中找到快乐。

6. 向客户提问，既要有层次，又要切中要害

现在企业营销和采购管理都已经数据化了，也就是说，客户和我们一样了解市场的情况，因为现在不是信息稀缺的时代，所以销售人想要在产品信息方面和客户玩不对称的游戏，已经越来越难了。对于那些大的单子，客户公司内部的采购人员也是非常专业的一群人。销售人在做事的时候必须比客户更专业。

其实，客户的需求有时候是隐藏着的，销售人不要靠少量信息就断定客户的需求是什么，这需要坐下来，去问客户的关心点到底在哪里。这些问题都是多层次的，不是简单的一两个问题就能了解的。

销售是创造需求，销售人要善于发问，其实提问也是激发客

户内在需求的途径。有些客户根本就没有思考过购买产品后带来的改变，在内心也没有这样的需求，但是在销售人提问的时候，他内心就有了这种需求，这时候也就有下单的内在动力了。

德鲁克认为企业的最终目标都是为了引领市场，创造需求。客户被激发的内在需求其实也是销售人的机会。

所以跟客户在一起，除非被邀请做讲述，否则就不要长篇大论地去说自己产品的事情，客户关心的问题不一定和你一样。你和客户的对话形式就是他问你问题，你回答，或者是你问他问题，他回答。一流的销售人总是能够提出启发性的问题，让客户开始思考，这种提问思路应该和我们的产品紧紧联系在一起。

成交其实是需求被激发出来以后的事情，所以有先后关系，销售人一定要清楚，第一步就是要了解客户内心是怎么想的。

那么如何问对问题呢？这需要处理跟客户交往的层次。我们将销售人跟客户的互动分为四个层面：信任层面的互动，挖掘需求层面的互动，处理异议方面的互动和成交方式的互动。如果和客户交往没有层次感的话，那整个交往过程就混乱了。

销售人开始向大客户提问时，主要精力就要体现在建立和客户的信任关系上，多问这个层面的问题，比如，某先生，您对我们公司的销售人如何评价呢？这样的问题就首先避开了成交和销售的问题，事实上在逼着客户思考与我们的关系。一个人在嘴上说出来的话和内心是关联的。客户在做出肯定评价的时候，实际上在心里也就少了一分抗拒。

在大客户营销的过程中，销售人应将建立信任关系作为核心。如果觉得这方面还有问题的话，就不要急着往下推进，而是继续做信任层面的互动，直到在这一层面上夯实为止。在销售人看来，这个过程其实是很长的，大体上要牵扯一半左右的精力。这个时候，主要考虑人与人的对接，少谈直接交易的事，除非客户有迫切需求，主动要求成交。

跟客户接触，第二个层面就是挖掘需求。比如十年前，中国几乎所有的机械手表企业都半死不活的，因为手机上已经有报时功能了。但是十年后，手表需求又复活了，复活是因为手表现在变成一种装饰品和奢侈品，成了身份的象征物。

客户的需求是变幻的，所以客户的需求需要销售人来锚定。客户的购买目的是什么，想获得什么样的预期，这些都是需要销售人与客户沟通的。不积极提问就发现不了客户真正的需求，也就无法满足客户。

其实客户和销售人做生意，达成购买协议，双方还是有很多的事情要协调，比如价格因素，在这个阶段，销售人在提问题的时候就要小心谨慎了。因为这进入了交易的实质阶段，让出去一个百分点都是一笔整钱。这方面的异议，提问题的时候要集中于功能，集中于时间概念，比如耽搁一天对于客户的损失等等。大体上客户会纠结于个别参数和价钱。这时候销售人就要逼单，强调软性的价值，让客户快速成交。

成交阶段实际上是水到渠成的事情，有个营销专家说，销售就是40%建立信任，30%挖掘需求，20%处理异议，10%用于成交。而问对问题是整个营销过程的核心互动环节，只有循序渐进地找到了客户的注意点，才能够最终成交。

第五章
拉近与客户的心理距离才能赢得客户

销售人明白，每个客户的内心都是一个世界，销售基于人性和顾客内心的渴望。销售人知道如何引导顾客发现内心的需求，然后产生对于产品的需要。客户哪怕使用一块钱来买东西，其行为的背后都有一种需求存在，而且需要保证物有所值。如何让客户觉得物有所值，这就需要销售人观察顾客心理。

1. “上帝”的心思你要学会猜

销售人都是时刻实践心理学的人，理解人才能容纳人。如何理解顾客？销售人要站在顾客的立场上去考虑问题，给顾客以充分的尊重。对销售人来说，客户的心理状态与生意的成败，存在着很紧密的关系。了解客户更多的信息，也就知道了这个人的行为为何如此，销售人又应该怎样应对。

比如，一个销售人和父亲的关系非常不好。如果他在工作中碰到和父亲性情相似的客户，可能一开始在心理上就会排斥，这是个人的心理因素。销售人就是要在销售的过程中克服这些因素，和客户的心理形成比较好的互补关系，而不是对立关系，这是我们做销售人首先要在心理上解决的问题。

我们在生活中会遇到这样的情况，有一些人对我们莫名地就产生了敌意。其实这是很正常的现象，每一个人都会将自己的敌人形象投影到自己的生活和工作中。如果碰到客户有这样倾向的话，我们首先要证明自己不是客户心目中那样的人。只要心理障碍跨过去了，客户和我们之间就能够进一步地交流。

你不能让客户做出这样的判断：这个人和我生活中遇到的某个人是一样的讨厌。如果在客户心里有这样的感觉，那对于后面的合作是极其不利的。

销售就是一场心理暗战，这种暗战有时候我们自己都没有感觉到。但是每一个销售人在面对客户时，大脑都在高速运算，希望能尽快了解对方内心是怎么想的。

在最初带有陌生感的接触中，客户有可能会故意隐藏自己的真实需求，因为这个时候他们还没有决定要跟你继续打交道，自然也不会跟你说实话。

想说服成功者有时候是很难的。成功者大部分都是有点偏执的人，他们会坚持自己的观点，不容易做出改变，如果改变了就变成了新的坚持，这是成功者的特质。他们很自信，所以销售人和这样的客户沟通，不要一开始就将自己放在推销者的位置上。而是要去研究一下这个客户的行为模式，在这个过程中也就理解了他会接受什么样的行为。

因为事业成功者很自信，可能还有一定的社会地位，所以这些成功的客户身上即使有什么缺点，也没有人跟他讲。我们如果留意一下，就会发现很多领导者也有很不当的观点和认识。但在销售过程中，我们只需在商言商，没有必要帮着客户去纠正他们身上的缺点。我们在工作中要做的就是绕过客户心里的防卫，去做成生意而已。

在和客户的交流中，接纳和反接纳的过程就是一种心理的博弈。一般来说，从一个人的言行举止，我们基本上可以看出一个人的性格特点，看出他的为人之道。因此，每当在第一次与客户接触时，我们要善于当好“听众”。要注意观察客户的表情，通过他的言语和表情来分析其属于什么样性格特点的人，这样，在以后的交往中就可以根据他的性格特点来采用恰当的方式与其进行沟通交流。

跟客户谈生意就好比一个男孩单恋一个女孩，中间隔着很大的距离，需要男孩苦苦的追求。销售人需要展开自己的“追求”，和客户长期相处，才能“日久生情”。当然，真正关注客户，真心想与客户交朋友的销售人，在平常与客户的交往中就一定会说一些客户爱听的话，做一些让客户满意的事，才能在长期的交往中，相互之间形成良好的印象，从而结下深厚的友谊。

当客户接纳了你，你才能进入他的圈子，形成一个利益上的关联者。这个考核过程结束了，才能成为一个真正的合作者。合作以后，也要不断地增加和客户的情感，这样才能维系长久的合作关系。

2. 要想从客户口袋里掏钱，先向客户掏心

销售人必须知道一个基础的商业常识，钱只是财富的象征物，财富比钱的内涵要丰富很多，不要总想着到客户的口袋里去掏钱，而要立足于企业的竞争力，为客户创造更大的商业价值。没有这个基础，是无法获得客户认可的，即使情同父子，也无能为力。

商场的残酷在于有一个准入的门槛，无论怎么样，销售人

所在的企业都需要足够的市场竞争力，产品要能满足客户某一个方面的需求。在这个基础上，说服客户购买，就变成一个方法问题。

客户是否接受你，这是客户的考虑；你要让客户接受你，你必须装扮成客户喜欢的样子。客户喜欢什么样的产品，你就将你的产品描述成他喜欢的样子，代表了他的个人价值和生活理想。这就是天底下所有企业品牌的秘密。

客户喜欢什么样的人，往往大同小异，比如一个人阳光、幽默，那他就是一个有意思的人，这样的人走到哪里都会受人欢迎。客户也有客户，他们在生意场上奔来走去，也是很累的，如果我们能够带给他一些轻松减压的东西，那么这就是客户喜欢的。

幽默的人在哪里都是受欢迎的，因为这有利于创造一种轻松交流的气氛，在交易的过程中，说不中听的话可能会瞬间增加压力，让交流的氛围变得不友好，但是幽默却可以化解掉这些不愉快，为交易创造一个友好的环境。你要让客户跟你做交易的时候感到轻松愉快，让他们喜欢和你交往的这个氛围。这个说难也难，说简单也简单，但是都需要我们努力去做，需要我们创造一个有利于谈生意的环境。

幽默的人都有丰富的内心、细腻的情感和出色的观察能力，能够将客户的心情引向阳光的一面。试想谁愿意在商务活动中与一个愁眉苦脸的销售人员交流呢？

幽默，其实质是一种心理优势的体现，富有幽默感的人，在内心深处都有较强的自身优越感，所以才会自嘲，而且自我嘲弄、自我贬低的程度甚至超过外人的轻视、指责和攻击。当遇到别人的挑衅时，巧妙地运用幽默的自嘲，可以像太极推手一样化解对方的攻击，同时释放自己心中的不快。

邀请客户到茶馆喝茶聊天，这是一种很科学的跟客户进行交流的方式。因为在很正式的商务环境中谈事，双方都很难放松下来。只有在比较悠闲安静的场合中，人的心才容易放下防备，轻松愉快地谈事情。

不知道销售人有没有这样的感觉，在正式的工作环境中，你想谈谈私事的时候就会感到不合适，连轻松的小玩笑都开不起来。但如果是在喝茶的时候，就很容易聊到私事，比如个人的家庭、朋友，在谈及自己爱好的时候，很容易就会将自己的真实情感表达出来。而客户一旦将自己真实的情感表达出来了，这就为生意的进展奠定了基础。客户的话是一张藏宝图，顺着它就能找到“宝藏”。

而客户掏心的过程，实际就是一种情境的营销技术。关于情境营销，简而言之就是将客户拉入到自己构建的梦境中，销售人帮助客户去构建这个梦境，向他描述购买了我们的产品后才有的美好梦境，有效刺激客户的购买欲望。这是一般奢侈品和很多工业产品的营销方式，用来对付一般客户也是合适的。

如何让客户说自己的事情，也是有技巧的。一般情况下，一个人开始对你讲自己过去的事，说明他已经把你当成朋友了，想和你分享自己的生活经历。在商务交往中，如果根本就没有交易意向的话，也许客户就不会跟你讲这些事，因为这毕竟还是涉及了自己的个人生活。

要想让客户开口，按照前文说的，就是建立在赞叹客户的基础上。人们都是喜欢听好话的，这是人性的弱点，你要时时表现出对客户的兴趣。

如果是在销售过程中，且这种销售发生在异性之间的话，这会让男客户产生被崇拜的感觉，感到自己还是很有魅力的。这能够增强客户的自信心。

在商场上，利用性格差异做成生意的人也是很多的，这大体上就是从两性的差异引起的。对于男人而言，只要女人表现出对男人有一点好感就够了，男人往往就会充分利用自己的想象力，构思出很多和这个女人的故事。其实直到交易做成了，女销售人跟客户也只是纯粹的合作关系。这也是很多企业想用女销售人的原因。其目的是为了在谈判或者交往的过程中，勾起男性客户丰富的想象力，创造一个友好的氛围，即使遇到客户想发飙的时候，看到边上有个长相姣好的女子，也就立马收起自己的怒气，变成一个绅士了。

3. 想方设法，迅速了解客户的真实意图

对于我们销售的产品和服务，客户很长时间不做回应，这里面肯定有情况。原因很简单，就是我们事先设定客户需求的假设错了，我们没有真正了解客户的真实意图。

客户的真实意图是会隐藏的，我们在前文中说过，客户还没有准备好与你合作的时候，不会把全部的信息都给你。这个时候，作为销售人，就需要用方法去了解客户的真实意图是什么。

也许当客户说出真正意图的话，我们可能会恍然大悟，原来如此。但是在我们没有了解其真实意图之前，就需要在这方面投入精力，看看到底是什么原因使客户拒绝了我们的产品和服务。

有些销售人说，我不会在一个客户身上花太多的精力，我只找那些能够快速跟我交易的客户，这也是一种销售方式。你其实没有必要在一个没有底的客户身上投注大量的时间和精力。我们在跟客户接触的时候，也是一个对客户的筛选过程。可以先将几百个客户罗列出来，通过网络或其他方式逐步找到联系人。然后，销售人就逐个去打电话，或者通过邮件加电话的方式，去探知客户内心的想法。如果客户态度坚决地回绝，那么就先放掉，将那些对我们服务和产品有兴趣的人留下，进行下一轮的联系。这可以帮助销售人在短时间内找到大量的准客户。

准客户里也要分出轻重，那些兴趣比较大的客户可以作为重点接触的对象。同时需要将有意向的客户向兴趣较大的客户方向去转化。这些留下来的兴趣较大的客户才值得我们去继续投入精力，迅速地了解他们的需求，这样才能够快速达成交易。

不管怎么说，快速的成交技巧还是非常必要的。一个吃了很多次饭，沟通了很久也没有成效的客户，实际上就让我们丧失了很多其他的机会。因为这些精力如果用在高质量的客户身上，应该能够创出更好的销售业绩。

这些客户可能明天就下单，也可能下个月才下单。客户在和我们进行沟通的时候，若已经口头上明确答应跟我们合作，这样的客户实际上就等签约了。但是对于那些有兴趣但是迟迟未动的准客户，销售人就需要和他们继续互动，直到他们口头答应合作，就升级到下一个阶段——成为签约客户。

其实，销售人根本就不知道客户是因为什么原因不下单的。可能在客户与我们接洽的时候，本身也在和竞争对手商谈，在客户的眼睛里，我们的竞争对手可能比我们更加适合他，而且有些企业客户已经和竞争对手称兄道弟，这时候，销售人就要判断接下来应该跟还是不跟。在老销售人的策略中，这样的客户还是要保持联络的，但是角色只能是做“备胎”，人家关系破裂了，你才可能有机会。

当然在做事的过程中，客户和我们之间互相都不是唯一的选择。在知道客户为何拒绝的原因之后，销售人就需要计算获得这个客户的代价，因为有些客户并不是高价值的客户，企图把冷板凳捂热的思维其实是要不得的，市场没有诗意，只有现实的成交结果。如果客户决绝地不跟我们合作，那么也就保持联络就可以了。

有时候，我们都是作为“备胎”进入客户企业的。客户只是想让我们销售人进入，然后给现有合作者一个震慑，让他们更好地做好服务。但是既然进入了，很多结果就不是由客户自己掌控了，如果我们的销售人更有意思，跟他更投缘，我们完全可以在客户那里和竞争对手平分秋色或者取而代之。

不管客户是因为什么样的原因和我们在周旋，老销售人还是建议采取“化整为零”的策略，不要一开始就跟客户狮子大张口，而是从边缘的小单做起，逐步搞定人，然后再争取获得大的订单。

选择客户也是有讲究的，我们可以旁敲侧击去了解客户对我们不感兴趣的原因。比如客户企业表面上虽然红火，但是实际上已经到了资金链非常紧张的地步，这样的话，即使我们能够进入，也不能获得比较好的回款。面对这样的客户，我们在每次考察的时候都需要了解对方更全面的信息。只有知己知彼，才能够百战百胜。

4. 用客户喜欢的方式搞定他

搞定客户是一门学问。销售人大部分的精力都耗费在搞定人这件事情上。现在的市场是充分竞争的市场，我们不去搞定客户，竞争对手马上就来跟进。一个高质量的客户可以为了你而拒绝所有的竞争对手，几乎每一个厉害的销售人都会有一批这样的客户兄弟，在生意上，他们只认你。

我们不得不承认现在的销售业态已经发生了很大的变化。

要获得客户的忠诚真是太难了，搞定客户是永远没有终点的。如果一个销售人手上有10个这样忠诚的客户，你就需要花很多时间跟他们泡在一起，是很累的事情。所以那些八面玲珑的老销售人是值得钦佩的，销售这碗饭也不是谁想端都能端起来的。

在很多基于网络大数据营销人的眼中，用客户喜欢的方式搞定客户个体是一个落伍的方式。因为客户的需求是动态的，你根本就不知道客户什么时候会跟你合作。将商业合作放在一个人身上是不妥的，关系是最坚强的，也是最脆弱的。基于个人关系的销售行为是时间泡出来的，一旦客户感到自己受到了冷落，就可能会“移情别恋”。其实这也是一般销售行为的弊端，但是我们在现实中思考如何去满足客户的时候，还是要从搞定人入手。

那些网络营销人思考的着眼点和销售人在线下做的事情是不一样的。在微观上，我们生意能够做成，还是需要以顾客喜欢的方式去搞定他们，这是不变的规律。

我们的销售人不总是世界500强企业的销售人，大部分都是竞争力微弱的小企业的业务员，难道在这个条件下，生意就不做了吗？事实上生意还是照样去做，只不过做的方式不同罢了。

那些处于弱势的企业销售人的销售方式对于大部分人来说才是有借鉴意义的。这些销售人面对更多不可控因素，最后却获得了胜利，这些案例才值得我们去学习。

黄先生是一家民营企业的销售人。这家企业只是一个普通的民营企业，生产一些劳保用品。但是黄先生是一个不服输的人，做事很敬业，几乎是没日没夜地做销售。晚上客户只要打电话叫出去喝点，那黄先生肯定是要奉陪的，因为黄先生认为客户给你打电话实际上就是把你当成倾诉的对象，他不打电话给你，可能就会打电话给旁人。

黄先生也承认，自己做劳保用品销售，这样的产品到处都是，产品质量是不错，但是几乎每一家都能够将质量做好。要做好生意，还是要搞关系，搞人脉，否则怎么去做生意？

黄先生有一个大客户几乎占据了黄先生生意的半壁江山。谈到如何搞定这个客户的时候，黄先生说，其实这个客户不缺钱，他是一个很豪爽的人。很多人以为我和他关系好是因为有利益关系，其实不是，我们这种生意本来就利润薄，而且给予的价格也是市场价。我之所以跟这个客户接洽，是因为这个人是个孝子。他的妈妈是农村出来的，勤劳了一辈子，他将妈妈从老家接到城市来。结果老人闲下来十几天就生了病。黄先生和客户聊天的时候就聊到了这件事情，客户觉得自己妈妈长期这样是不利健康的，于是黄先生就建议将自己厂子里的菜园子划一块地出来，让老人种种菜，老人肯定高兴。客户回去跟妈妈一说，妈妈也很高兴。几乎每周，一家人都开车过来种菜，黄先生也会抽时间过来帮忙，这样与客户一家人很快就变成特别熟络了。

就这几分地的绿色蔬菜，客户自己家根本就吃不完。于是客户就将菜收起来，与几位比较好的朋友一起分享。大家都说这个菜好吃，这让客户妈妈很有成就感，心情甭提多开心了。在大院里谁见到她都跟她打招呼，因为这个是有名的“送菜大妈”，高兴了就送你点菜。

后来，在公平招标的基础上，黄先生就和客户合作上了，而且一直合作得很愉快。

组织行为学上最基础的一条就是任何事情都是私人推动的。你看到很多伟大的事情，实际上最初都是两个朋友或者几个朋友在一起聊天侃大山的结果。这说明了一个问题，就是我们做成多大的单子，实际上都是私人关系推动的。我们搞定客户个体，让他们成为我们的朋友，成为一个合作者，是符合这个规律的。

其实搞定人的销售过程就是投其所好的过程，当然这个过程如果有高尚的说辞那就更好，投其所好的过程充满了创意，生活永远比故事更精彩。投其所好的流程大体如下：先找到关键人，这个人最好是决策人或者直接采购者，在前期的接触中要知道他真正内在的需求是什么，他迫切要解决的问题是什么，这样的事情最好牵扯到很深的个人情感，然后就是找机会和他一起做他喜欢的事情。有人喜欢有底线的事情，有人喜欢没底线的事情，你投其所好，在不委屈自己的情况下，合情、合理、合法，可能在玩高兴的过程中就达成了交易。

5. 找准赞美点，攻心才能拿下订单

会赞美别人的人，其实身上是充满正能量的，因为他能够发现别人身上的优点，善于赞美人是一种好品行，这能够促进人成长。

现在的销售，无论是网络营销还是实体营销，都到了一个新的阶段，有人总结得很好，销售人就是“拼人格魅力，拼情感渗透，拼竞争力，拼感性消费者指数”。也就是说，新营销已经从对标准质量的产品的关注，转移到了对客户和消费者的关注。这是一个趋势，不管你愿不愿意，这样的销售环境变化就代表了未来。

在我们的社会交往中，包括在销售过程中，能够欣赏自己的朋友和客户，这永远是一种知遇之恩。无论是谁，都需要这种真心的鼓励。如果我们销售人在和客户的交往中，努力去做一个客户的知遇者，那将是一件很温暖的事情。

“才能之花因苛责而枯萎，因鼓励而盛开。”身边的每一个人都需要我们的鼓励。其实，就我们的客户而言，他在生活中也有很多搞不定的事情，搞不定的人，如此，我们就可以以朋友的身份，给予他精神上的支持和鼓励。自信对于一个人来说是最重要的，一个人的自信动摇了，自信心丧失了，他也就随波逐流了。所以一个会赞美的人能够扳正一个朋友的灵魂。

一个做事出色的老公，可能在背后有一个从年轻时候就默

默默鼓励他的爱人。男人的成长有一半是女人调教出来的。如果女人经常对自己的男人说，你知道吗，其实在我的心中，你是那样优秀的人，我崇拜并且欣赏你身上的这种特质。可能这个男人一开始这方面的能力有，但是很微弱，但在妻子的鼓励之下，他就真的建立了自信心，无论遇到了什么困难，都能够凭借鼓励和自信坚持下去。这其实就是赞美和鼓励带来的正能量。

在销售人看来，鼓励就是一种提供精神动力的过程，客户也需要这种鼓励去面对不确定的未来。如果能够帮助客户增加自信，那么客户其实也一样离不开销售人了。

客户如果是企业的决策人或者老板，那么他就一定需要项目在方向上的自信，因为没有几个领导者对于项目的未来是有十足把握的，都是在赌。销售人应该知道，这种在赌局中的人是最需要安慰的，理解了客户这种心理，就要在项目前景等方面去收集资料，整理后发给客户，或者当面就将事情告知客户。对于这样的行为，客户会有一种难得的知己感。每到心里没底的时候，他就会找你，在你身上汲取心灵能量。如果你能够给你的客户心灵能量，就会让他们在心理上产生依赖性。

如果客户不是一个事业成功者，而是企业中的一名中层管理者，他们和决策者不同，他们需要鼓励和支持的事情，可能来自于很多领域。如果要想接近他们，就需要深入地了解他们，可能客户是一个三十多岁的大龄剩女，职业精英，她所有思考和希望得到的东西，你应该支持和鼓励她。具体怎么赞美和鼓励，那是销售人自己需要思考的事情。有针对性的赞美和鼓励能够深入心扉。

客户有各种各样的追求和梦想，你需要成为他们的支持者，如果对方高高在上，你就做他的一个粉丝。当然，这种支持是出于对一个人真正的了解，而不是盲目露骨的逢迎，那样的话客户会觉得你是一个满腹心机的人，就可能会远离你了。

鼓励人不是口吐莲花，而是真正地去考虑他人需要的心灵能量，每一个人的内心多少都有弱点，你能够在这方面送去鼓励，那是再好不过的事情。

销售人本身最能够体会孤独感，在多次被客户拒绝后，也会有无助感，其实这样的感觉是能够和客户共享的，两人之所以能够交朋友，那是因为相互之间是通感的，能够跟客户去沟通自己的心路历程，将客户内心的东西引出来，特别是把担心的问题说出来，这不仅要注重说话的细节，更要有一颗乐于真诚待人的心。

其实每个人都有伪装的一面和真实的一面，当我们能够触及到客户真实的一面的时候，也就能够成为他们的朋友了。销售人此时如果变换一个角色，那么就可以成为客户事业的辅助者，这样的新定位实际上是很有利于成交的。

6. 无论何时，销售员都要以客户利益为主

要让销售人站在客户的立场上想问题是不难的，但是要站在客户利益上，将客户的利益放在第一位，这已经不是生意

经，而是一种商道了。有时候，我们情愿损失掉自己企业的一些利益也要保证客户做好生意，能够这样做的企业其实不多。

我们相信客户的判断力是足够的，他们能够判定我们和他们合作的过程中是否能够实现他们的最大利益。商业规则其实是冰冷的，合作的基础就互利。如果没有互利的基础，或者对于互利的预期，那么销售人和客户之间就没有合作点了。双方可能就只会成为生活中的好朋友，这不是销售人想要的结果。

销售是有目的的行为，而人们在生活中总是排斥有目的接近自己的人，所以客户和销售人之间要成为真正的朋友不是容易的事情。那些想在商场上交朋友的人可能会失望，人的一生中很少能和合作伙伴成为最好的朋友，更多的只是互利之上的包容。

就合作来说，天下没有不散的筵席，双方大体上合作的互利空间尽了，也就没有办法继续合作了，虽然我们常将商业合作人为地披上一层温柔的面纱，实际上内在还是硬邦邦的利益合作。销售人必须能够让客户赚钱，这是硬道理。当然，客户也应该有立场，帮助销售人的企业获得相应的发展。

商业是理性的，一个感性的人在商场上很可能会吃亏，所以在商场上，销售人都必须是理性的人。有些商场上建立的友谊是经不起考验的，现实就是演好自己的角色，老老实实地帮助客户赚钱，再拿回属于自己的一份。

既然市场是理性的，那么营销也应该建立在理性之上。在商业中，人际关系具有无穷无尽的复杂性，想要在这方面做得如何好，那也不容易。但是我们可以将自己的事情做到位，如果客户是一个理性的人，那么只要你为人不是太过分，那么还是有机会合作的。

这就是企业的理性，与大企业之间的这种合作，实际上已经做到了系统理性，在这样的环境下，销售人不得不依靠系统营销的流程来做事。这就需要企业把重点放在营销工具系统建设上，复杂的动作由公司来做，简单的动作让给销售人来做。如此，销售人在营销的过程中就能够避开感性竞争了。用自己的情感做生意虽然也是一种方式，但是那毕竟是费心费力的事情。

王小姐是苏州一个做某国际品牌电器开关和程控控制器公司的销售人。在一个冬天的夜里，王小姐有一个客户，在上海边缘的昆山，工程上的六个程序控制器同时出现了问题，使得项目处于停工状态。而工程一旦停工超过 5 个小时，就可能造成很大的财产损失。

王小姐的客户是这个工程的承包者，他在夜里打电话给上海的另外一个供货商，结果那个供货商不愿意在半夜里送货到工地。客户心急如焚，于是给睡梦中的王小姐打电话，说明原因后，王小姐对这个客户说，虽然这几个程序控制器不值多少钱，但是一定会在第一时间送到工程工地。于是，王小姐半夜起来，先驱车到库管处拿了钥匙，再从企业仓库里提货送到工地，客户很快在工程师的协助之下解决了问题，避免了损失。客户对王小姐非常感激，因此在后来的工程合作中，一直都使用她的产品。而且，客户还将本来不做工程的王小姐拉到了工程项目中来，他们成了很好的生意伙伴。

几年之后，客户的生意越做越大，王小姐也随着客户的发展赚了很多。客户总是会提这件事情，因为在所有同类的客户关系中，只有王小姐做到了无论何时都在为自己的客户着想。这样的服务精神才是能够做好事情的。客户相信王小姐是那种不离不弃的人，所以可以成为很好的合作伙伴。

在销售过程中，总有一些具体的事情能够迅速拉近销售人与客户的距离。在商场上有一个规则，就是做事需要有利益，但这是总体上的规则，不是具体事情上的规则。在一些具体的事情上，我们照顾了客户的利益，成全了客户，那客户有很大的可能会给我们相应的回报。

你尊重了客户的利益，在你的利益上，客户也会照顾你。这是交易互利的原则。当然，我们帮助客户，也需要客户明白我们的付出。如果我们遇到不明就里的客户，让我们满足他们过分的要求，那销售人就只能回绝了。

第六章

客户购买的不仅是产品，更是感情

商业价值是销售的基础，销售的过程就是价值传达的过程。客户知道自己能够得到什么，当他们在内心里接受销售人和产品价值的时候，才会决定购买。销售的过程就是让客户接受的过程，一句话，客户是在购买感情。只有在这样的感悟之下，才能够找到客户内心的渴望，毕竟，购买永远建立在自愿的基础之上。

1. 三流销售卖产品，一流销售卖好处

销售人在做销售的过程中，需要了解客户真正的需求。美国有个营销学者说，在销售人的理解中，客户需要的是一个能打四厘米的孔的电钻，其实客户只是要墙上有四厘米的孔；你以为客户需要擀面杖，其实他是想要包一顿饺子给自己的妈妈吃。所以销售不能只说自己的产品，更要说明产品对客户的好处，如果不是这样，销售人就不能理解客户到底需要什么。

在企业的经营过程中，企业和顾客的沟通能力是企业的核心能力之一。在竞争的时代，这个战略能力至少和企业的创新能力是齐头并进的。不认识到这一点，企业在网络时代就不能很好地发展。企业最终的命运掌握在手握钞票的顾客手中，企业需要成为一个有个性的企业，顾客与企业之间架起一种非直接利益的感性关系。这是网络时代企业的一项必修课。

出色的企业必须有追随者。其实这是一流的企业的特征，一个企业用什么东西和自己的顾客去做互动，当然首先要有出色的产品。但是仅仅有出色的产品还不够，因为能够出好产品的企业千千万万，但是有话语权才是真正的终极竞争力。建立在硬实力上的理念引导力，才是成为一流企业秘而不宣的能力。

我们销售人需要懂这些新的营销理念，因为这代表了你在多大程度上能够跟市场和客户去对话。那些销售人时刻都在对客户说，我这样做，都是为了你的明天会更好。他们在阐述他们的服务模式和思想对于客户的好处，将客户完全包容在他们的体系之下。从这个角度我们就能得出话语权在商业经营中的重要地位。在企业经营中能够站稳脚跟的东西，最终对内表现在企业的思想力上，对外则表现在话语权上。

跟客户不再强调产品，而是强调销售能够带来的好处，客户就不会再多思考产品本身，而是向着销售人描述的好处狂奔而去。

马云是一个商业思想家。我们可以想想，这个小个子的杭州男人除了有思想，还有什么。一个企业家，在所到之处收获的是粉丝们的尖叫，这不是一个传统的企业经营者能够理解的。

这就是所谓与自己的顾客互动，如果一个企业家从红地毯上走过来，仅仅收获的是别人的尊敬，这还远远不够，那些板着脸说话的人，人们会敬而远之。

马云可以海阔天空地跟你讲互联网和电子商务的未来，他以一个时代智者的角色来给大家讲述未来世界和你之间的关系。告诉你他看到的未来图景，在某些时候，他更像电子商务的“革命导师”。我们略举一例就可以说明这位阿里巴巴的精神领袖是如何运用自己的思考力和顾客互动的。

在一次网络展会上，马云的演讲提出了网货2.0的概念。他认为，传统渠道的产品搬到网上来卖只是网货1.0版，省去的是渠道的费用，将渠道还给厂商，将优惠还给消费者；而网货2.0版，提倡的是按照消费者需求进行定制，将利润还给厂商，将个性化还给消费者。

“每一次营销方式的变化，就会形成制造业的变化。10年后，我相信每个网商的努力将会创造一个新的网络世界。”

马云解释，以前的商业都是C2C以及传统的B2C，但到了今天，所有的制造业都要高度警惕，必须因为消费者而改变自己产品的设计和渠道推广方式，以消费者为导向的C2B一定会成为产业升级的未来。“目前我国的制造企业已经拥有柔性化生产的能力，100个同一批生产的杯子，完全可以做50个花色。”

他认为，工业时代是靠规模和资本取胜，而知识经济时代是靠灵活取胜。21世纪，越“小”的企业越灵活、越能成功。“上市不过是企业成功的标志之一，上市了才知道痛苦刚刚开始”。

在网络上出现了无数的马云语录，在中国有这样殊荣的企业家寥寥无几。很多话语在商业人士的谈吐中可以随口说出来。马云和他的精英团队不仅仅做了一个优秀的企业能做的事情，而且他们将自己变成了新的商业思想的策源地。

马云兜售的是整套经营理念，他的目的就是要你按照他的步骤进驻他们的网络社区。现在一流的销售不仅仅是跟你讲好处，还给你画好了整个发展的路线图。在当下的中国电子商务市场，你接受了电子商务，实际上你就已经被马云整合了。

电子商务带给我们很多好处，最重要的一点，我们坚持传统营销方式的理念动摇了，我们认为未来如果企业要高速发展的话，是离不开电子商务的。一流的销售做的不是产品和服务，而是一个巨大的包围圈。

销售人在目前的市场格局中，需要改变自己的诉求方式。比如客户怕衰老，想去美容，去做养生的项目，实际上也许关心的是自己的形象问题，为的就能够让自己更年轻一点。那么销售人的诉求就是直接告诉客户，我的服务就是让你变成一个年轻人，可以让你的生理、心理年龄回到年轻的状态，这就是销售人应该有的新的表达方式。这样的诉求也符合客户内心真正的期望。

2. 介绍产品时不要马上提出成交要求

在大客户销售的过程中，销售人自有一套做事的流程。向客户展示产品是一个必不可少的阶段，对于产品的展示需要充分的准备。销售人对于自己产品的理解，需要知道得分毫不差，这样才能够成为解说产品的专家。和开车一样，销售人就是要和自己的产品有一种合为一体的感觉才好。

产品是我们服务于客户的基础，也是连接客户的纽带，销售人需要热爱自己的产品，并且将这种情绪传达给自己的客户，这是一种很重要的沟通。陈述的好坏决定了客户怎么样看待和判断我们的产品和服务。

产品陈述的过程中不仅是销售人自己在说，而要同时观察客户的反应，观察客户情绪的变化，最好的产品陈述过程，必须有客户的参与。聪明的销售人甚至会不断地试探客户的反应，客户期望产品是什么样的，这是最重要的事情。因为产品是一个静态的东西，是不可能改变的东西，我们在产品陈述中表达的东西实际上是顾客的期望，顾客每一次的购买行为都是一种期望，销售人一定要理解这种期望。

销售人必须将自己的产品描述成客户内心喜欢的样子，如果描述错了，客户就会觉得这不是他想要的东西。这时候就要看客户的反应了，如果客户听到我们的陈述，他们更加犹豫了，说明我们对于产品的认知和客户之间产生了偏差，我们需要及时调整说辞，给客户一个陈述期望的机会。

销售人应该都知道品牌营销战略。品牌实际上就是基于消费者价值观的市场细分行为。

销售人都知道，没有虚拟价值的商品我们可以称之为“干货商品”。对于这样的产品，顾客追求的只是物美价廉，物美价廉是一个动态的竞争态势，不是一个长期的竞争策略。企业不能赋予产品以个性，不能用自己的企业学说来定义自己的产品，那样，主动权就不在自己的手中，而很可能会陷入到新一轮的价格大战之中。

对于这样类型的产品陈述，实际上就是一个价廉物美的问题，销售人一般在销售这类产品的时候，其实也没有很大的空间可以回旋。这个层面上的客户也基本对价格很敏感，所以陈述不能错，看人下菜还是很好的销售规则。

销售人在做产品陈述的时候其实是很费劲的，而品牌能够大大提高营销效率，因为品牌会将企业的形象、知名度、信誉、产品传递到消费者心中。没有品牌的企业是非常吃亏的，没有品牌的企业意识不到在自己企业之外，有着万花筒般的商业需求变化。他们也许不知道消费者的价值观是何物。消费者怎么样看待自己的产品，这是品牌塑造中一个准绳，企业应该学会在实践之中不断调整自己的品牌传播方式和传播方向。

销售人不要急着成交，即使客户被当场说服了，也要给他留下思考的时间和空间，如果我们突然就催促客户成交，客户就中断了这个思考过程，回到原先的抗拒状态。其实，销售人赚的任何一笔钱，都是客户愿意让我们赚的，这个事情本来就勉强不得。现在有一种营销方式叫作“不好意思”营销，就是在这种勉强的基础上做交易，但这样的生意从企业整体战略上去思考，却是竞争力弱的一个表现。

如果客户对产品的兴趣和认识还不够，此时跟客户去谈价格、谈立即购买就会变成逼单，这样会使得客户反感，因为作为客户并不喜欢自己被销售人牵着鼻子走。这时候如果提出交易要求，很可能会让客户一口回绝。

3. 针对客户的需求，突出产品的益处

对于一个产品，用来满足客户什么样的需求，这是销售人必须考虑的问题，当然，这是企业决策层的事情，和站在市场前沿的销售人关系不大。但是销售人一定要知道，消费者的需求是分层的，你的产品如果是一件衣服，你就要知道，这样的产品是完成客户的遮体保暖功能还是为了一种形象的改变，或者是为了向周围的人炫耀。这都是需求，但是需求和需求之间相差甚远。

销售人必须理解市场的多样性，需要将产品的价值和客户内心的价值相匹配。举个例子，销售人自己开着一辆 10 万元

的车能够代步，这没有问题；但是如果有一个人开着100万的车，你有必要去理解他为什么需要这样的车，这个车除了代步之外，主要彰显了一种成功的荣耀。这时候就需要销售人去换位思考，如果有机会，也需要开着这样的车去体验一下感觉，而这种感觉就是购买者的需求。

销售人在向客户陈述的时候，除非是单纯的技术产品，完全理性的技术产品，比如汽车发动机火花塞，顾客要的就是质量，不会产生其他的需求，这个产品也没有其他的代表意义。如果产品是消费品的话，则一定要注意顾客的阶层性，他的消费模式和购买模式是什么样的，对于同一件产品，他们也会有不同的购买诉求。

销售人如果能够体验到不同阶层的客户的思考模式和生活方式，也就能够和不同阶层的客户做生意，如果你只了解一个阶层客户群，那你只能做一个阶层的生意。

客户导向的意思指发现需求并满足需求，而客户导向在复杂需求面前，已经表现出了很大的不适应性。人心是灵动的，变化的，被动地满足需求总是不能适应未来的市场趋势。激发消费者的消费热情，需要企业引导需求。在网络兴起之前，只有很大的企业才能完成这样的引导任务，但在网络时代，很小的企业也可以翻起很大的浪头，在引导消费方面也可以有所作为。所以，小企业的销售人也需要和以往大企业营销总监具有一样的思维模式。因为这个时代给了很多中小企业重新来过的机会。

销售人需要知道产品的益处在什么地方，有时候，这种益处不只是产品功能本身，更是企业的品牌定位，是一种纯粹的虚拟价值。

销售人在向客户陈述产品的时候需要知道，一个好产品是有灵性的，有“性格”的。当企业营销有这样观念的时候，实际上引导需求的软性条件就已经具备了。一个普通的产品，有时候只需要做一些特殊的表达，就能够在激烈的市场中重新站队排第一。而销售人在对客户的表述中，一定要说出产品的虚拟价值。

有时候，产品种类不一样，对于客户益处的表达其实也不一样。比如对于农产品销售，最主要的追求也许就是绿色健康，国内巨大的绿色农产品需求就是在这样的消费需求基础上发展起来的。现在很多消费者都觉得自己在消费过程中有一份环保责任，这种诉求会让消费者觉得这就是自己利益点，因为环保意识这么强的企业一定能够制造出安全的产品，在环保方面做得好，能够获得利益不再是一种空话。

湖南的“欧林雅”就是用竹子做家纺产品的，他们将自己特有的竹文化注入品牌中，传递给消费者一种“自然与你更亲近”的生活态度，以消费者为中心，不断为消费者创造更多的健康价值，从而在市场上树立了欧林雅的强势品牌地位，更是引导了中国生态竹纺市场的潮流。

欧林雅以竹子为原料生产竹生态产品，从家纺到各种家用消费品。竹资源是一种可再生资源，在生产过程中，企业坚持了绿色标准，整个制造过程也达到了环保要求。企业将这样的绿色健康元素贯穿到营销中，企业从无到有，从 2006 年到 2009 年，短短的 4 年时间，欧林雅凭借着独特的经营模式，在生态竹纺这个细分市场领域已发展成为拥有 300 多个产品品种，500 多种规格，全国拥有 1000 多家加盟店，年销售额几个亿的规模，在生态竹纺市场占有率高居第一位，在消费者中享有良好声誉。短短 4 年时间，他们也成就了一个生态竹纺商业王国。

消费者看重的利益，企业和销售人就需要设法去满足他们，欧林雅的诉求不是产品本身。设想一下，竹子做成的家纺更环保，是因为竹子是一年生长的草本植物。其实这和棉花比起来有什么区别呢？但是消费者就是为了这个竹制的家纺用品买单。买单的动机和他们内心的想法，值得销售人去思考和研究。

4. 讲故事，让你的产品介绍更生动

好的销售人，是一个能够讲好故事的人。做人要做有故事的人，做企业也要做有故事的企业。在传统的媒体时代，人们需要一边讲故事，一边卖产品。在网络时代，讲故事的能力变得更加重要。物质技术的发展尽管无限，但到某种极限之后人们必然趋于麻木。如果说网络是物质社会的最后一项点石成金术，那么，故事经济将是后物质时代的第一个点石成金的魔法师。

山东一个农户养猪，每天播放音乐，赶着猪在树林中奔跑，还做了很多的栏杆让猪儿进行跨栏，结果这些猪就成了“运动员猪”，在宣传的时候，他可以说自己的猪与众不同，肉味特别鲜美。至于鲜美不鲜美，其实这和主妇们的烹调手艺

关联很大，但这些猪都是有故事的猪，有故事的猪就不能按照普通的市场价来卖。这其实就是炒作，通过“秀”自己的生产过程，来完成和顾客的互动。

在网络时代，更需要创造需求，引导消费。“运动员猪”的猪肉在市场上容易引起顾客的好奇心理，人们在购买之后，大部分人都会自我证明这个产品确实不错，而不会自我否定，在内心否认自己愚蠢。这就是消费心理学讲的自我强化，忠诚的顾客都是在重复购买之中逐步自我强化品牌认同的。这种认同顾客多了，企业在市场上就有了立足之地。

营销专家告诉我们，消费者的购买行为其实是发自内心的感受，故事经济抓住的就是这一点，不拘泥于商品提供的实际功用，它要说服的不仅是人们的头脑，而且必须要打动人的心灵。想要一块准确走时的手表，几十块钱就够了。若一块表代表了一种生活方式，一种地位或一个传奇故事，那么价格可以高达 15000 美元，劳力士正是如此。

在这个以科学和理性、分析以及实用主义为功利标志的时代，恰恰是情感、传奇故事和叙事方式以及价值观回归的时代。故事市场即将超越以信息为基础的利润市场；情感市场即将取代有形产品的市场。现代人在竞争激烈的社会中，需要感情的慰藉，这也可以成为消费心理研究的对象，成为一种挖掘商机的方式。

我们只要注意观察，很多品牌传播的过程中非常强调产品或者品牌自身的故事性，很多酒类营销强调自己的历史，实际上也就是在讲故事。故事赋予品牌以魅力，调动消费者对品牌产生感性认识。从理性分析到感性思维，恰恰是品牌故事对于消费者施加影响的过程。

营销学之父菲利普·科特勒说，面对竞争激烈的市场，一个公司必须努力寻找能使它的产品产生差异化的特定方法，以赢得竞争优势。

应该这样说，故事经济不是一种新概念，而是品牌文化的一部分。消费者除了对产品品质和价值上的认同外，有一种力量正在影响着消费者的选择，这就是品牌文化的作用。品牌文化与消费者内心认同的文化和价值观一旦产生共鸣，这种力量就显得非常强大。因为它是除了服务以外，品牌所赋予产品的又一附加值。正是这种无形的附加值影响了消费者对同质化产品的选择。

品牌是强有力的竞争手段，同时也是一种文化现象。优秀的品牌是具有良好文化底蕴的，比如中药品牌。消费者购买产品，不只是选择了药品的功效和质量，也同时选择了药品的文化品位。在建设品牌时，文化必然渗透和充盈其中并发挥着不可替代的作用；创建品牌就是一个将文化精致而充分的展示出来的过程；在品牌的塑造过程中，文化起着凝聚和催化的作用，使品牌更有内涵；品牌的文化内涵是提升品牌附加值、产品竞争力的源动力。

品牌是文化的载体，文化是凝结在品牌上的企业精华，也是对渗透在品牌经营全过程中的理念、意志、行为规范和团队风格的体现。因此，当产品同质化程度越来越高，企业在产品、价格、渠道上越来越不能制造差异来获得竞争优势的时候，品牌文化正好提供了一种解决之道。所以有人说，未来的企业竞争是品牌的竞争，更是品牌文化之间的竞争。这是一种高层次的竞争，任何一家成功企业都是靠着其独特的品牌文化在市场上纵横捭阖。

销售人在销售过程中，认识到品牌的价值，为产品和品牌诉求寻找和挖掘最好的故事，可以达到高效的传播效果。这种故事必须符合当代社会的思潮，与自己主流的顾客的价值观保持一致。

品牌传播的真谛在于细腻、互动，一个动人的故事足以吸引顾客的关注。商品销售过程不仅要有很好的使用价值，而且还要很有趣，有趣的传播才能够提高传播的效率。

对于小企业而言，没有那个经济实力做全面的品牌传播，那么使用精巧的传播方式就非常重要，讲故事是很好的传播方式，市场需要精彩的故事。或许，这正是那些新销售人大展宏图的地方，学会用讲故事的方式跟自己的客户去互动，这样的销售行为往往令人印象深刻。

5. 赢单的关键是让客户不知不觉说“是”

对于销售人来说，要理解营销工作的系统性，明白自己在企业中的位置，你可能会说：“我是一个一线的推销员，我怎么能管得着品牌诉求层面的事情，我也管不了品牌故事传播，以及广告投放是否具有精准性。”这些都是企业层面做的事情，对于一个处于市场一线的销售人而言，最重要的一点就是能够随着客户的心起舞，独自处理客户的异议，能够让客户在不知不觉说“是”的过程中给自己拿下订单。

世界营销界知名人寿保险经纪人乔·什道夫博士说过："只有在营销员遇到障碍后，他的营销工作才算真正开始。如果客户没有拒绝，营销员这一职业就不伟大了。"

什道夫认为自己的产品价值是显而易见的，这些拒绝你的客户不过是对你的误解，在面对客户的时候，你需要站在他的立场上，顺着他的思维去展开谈话。从一开始和客户进行对话的时候，不要做任何对抗性会谈，人与人交流的过程中，总会有一个转折点，在这个转折点之前，你要顺着客户去理解他眼里的世界。等到他将自己的东西说完了，接下来就应该是销售人表达自己的观点的时候了。

销售人做事还是要注意分配好自己的资源。对于那些一开始就彻底拒绝的人，一下子转变他们很难，那就将他们作为长期的潜在客户。在客户没有需求欲望的时候，去改变客户的心智是一个需要费很大心力的行为。有些客户认为销售人提供给他的东西和自己的需求相差太远了。

其实，客户在一开始都有拒绝心理，因为在销售人提醒客户之前，客户没有想到自己的需求。比如很多保险人在做业务的过程中，就会遇到很多一开始就拒绝的客户，他们对保险缺乏认识，致使投保信心不足，或是客户经过认识活动和情感活动后，发现保险产品的性能、特点、价格等方面不能完全满足自己的要求，因而做出不投保的决定。有人想投保但经济上承受不了，但又不愿明说；有人由于对保险缺乏一定的了解，又不愿意显示自己保险知识的缺乏；还有人对保险产品或服务的印象欠佳，但又怕引起争执等。总之，销售人被客户拒绝的理由是数不胜数的。

其实在销售过程中，永远要记住的一点就是销售人和客户之间，时刻在找共识。如果客户不愿意走到你这边来，你就走到他那边去，然后通过引导，将对方引导到购买行为上来。关于与客户的成交技巧，国际、国内研究这方面的学者太多了。

销售研究者创造了许多新的销售观念，例如：特征和利益、开场白的技巧、异议的处理方法、开放和封闭型的问题等。专业销售技巧的概念来源于美国销售心理学家斯特朗（E. K. Strong）撰写的《销售心理学》。该书写于20世纪20年代，其内涵一直随时代发展不断变化，始终与市场同步前进。可以说，他是研究销售技巧的鼻祖，国内销售技巧类图书没有哪本不是借鉴了这位大师的研究成果。所以如果要寻找知识，就去寻找知识的源头，这位大家在分析了无数案例后得出了专业销售的科学程序，需要销售人潜心去钻研。

专业销售体系包括做充分的销售准备和目标设定；成功开场，引起并维持客户的注意，赢得拜访客户的兴趣；通过提问获取客户关键信息，并观察对方肢体语言，发掘他们的关注点及购买动机；专业应对客户的反对意见，理解应对的基本原理和有效做法；识别购买信号并懂得适时地要求客户承诺，达成协议。这些都是在销售过程中处理客户异议的销售管理方法。

美国的一项调查，对所有提出异议的客户和没有提出异议的客户有一个规律性的总结：提出异议的客户，销售成功率占64%，而没有提出异议的客户成功率则只占54%，所以我们要知道客户提出异议那是他在关心企业的产品、关心销售人本人，客户在向你传达一种信息，就是客户对于认知、情感和利益某一部分还没有全面了解，你作为销售人做得还不到位，客户在告诉你还有一些东西你没有对他说清楚。

客户往往只是自己领域的专家，对于其要采购的产品不能透彻了解也是很正常的。有时候客户关心的东西恰是我们认为细枝末节的地方，所以销售人员需要跟客户慢慢地讲透。我们都知道异议有真有假，销售人员应该对异议进行排序，分清哪个是真异议，哪个是假异议。作为销售人，你要有能力把它们分辨出来。销售人员需要知道在所有的这些异议里面最重要的是哪一项，对方就会把他认为最重要的真实异议告诉你。销售人员给出专业回答就可以了。

我们要善于一步步地引导客户，让客户自己把担心的问题逐步暴露出来，销售人一定要相信，客户有了需求才会跟我们继续交涉，客户不着急成交，大体上是因为需求还没有被引出来，如果客户有购买欲望，那就他会用一连串的“是的”来支持你。

做销售的人基本上都会遇到如下的几种情形：比如“考虑一下，过段时间再说”等等类似拖延的客户异议。客户为什么没有急迫地想得到你的产品呢？原因就在于你虽然让客户已经意识到了存在的问题，但并没有更进一步地让他觉得自己的“病症”已经到了“非治不可”的地步。

有经验的销售人员会抓住客户很小的问题或缺陷放大再放大，直到大得足以让客户付诸行动以购买他们的产品。

做销售其实就是一个让客户先痛苦，后快乐，最终成交的过程。你可以用多个角度提问，让他感到问题的严重性。

客户的购买行为都出于两个点：逃离痛苦和追求快乐。其实做销售也是这样，也是既让客户感觉痛苦，同时让客户感觉快乐的过程。兴奋点主要是指容易让客户感到敏感的条件和情绪性字眼，例如：价格、优惠、送货、保障、维修、售后服务、各种形式的购买承诺等敏感条件，和客户说好以后，客户就会很兴奋。一个成功的交易在成交以后，客户一定是充满期望的，他们不仅仅会对销售人说“是”，也会说“太好了”“很不错”等情绪性字眼。

6. 价格策略，让客户真正体会到“货真价实”

价格在营销中是一个核心问题，这是市场价值实现的一个最直接的标志。价格问题可不是一个小问题，在一些销售场景中，价格是一个主导性竞争因素；在一些特殊的场景中，价格是一个心理因素。

现在销售人需要明白，企业的定价策略其实和客户的社会经济地位有关，而不仅仅是为了满足产品的功能需求。当然，功能需求是一个基础。

消费者心理学中对于客户心理价位的描述一直是很精彩的，价格其实是区分一个人身份地位的标志。品牌代表了不同的阶层，也就开出了不同的价格，品牌就是一个代表消费者身份的符号。这是丰裕时代的经济现象。

专家告诫说：“现代的人们已经迈进了一个符号痴迷的时代，当下所面临的视觉客体和审美客体已经完全相异于之前的任何时代，构成了炫耀符号的痴迷现象。不懂得这些，就不要盲目消费，对于任何一件商品来说，只要从中体会到品味、精致、创意，那就是最好的消费。”

新时代的“货真价实”，不是价格战中的货真价实，而是产品的价值就代表你，它就值这个价，这个产品是真的，不是伪货。比如我花了10000元买了一个奢侈品包，销售人真诚的话不是去跟客户减点钱，而是向客户保证这是真品。这是交易公平的本质所在。

中国现在处于一个消费品升级的时代。5年前，大家对消费品的需求还停留在质量和服务上，对产品设计的作用，还不是很明显。但这5年，我们发现产品不管是外观还是理念，设计的重要性越来越大，在消费逐步升级的情况之下，特别是在中产阶层比较集中的大城市里，作为阶层认同，走在时尚前沿、有消费力的消费者，会对有设计师品牌的产品和有文化性背景的产品更关注。这是一种社会认同。其实设计的变化还是反映了中产阶层对于消费市场的文化引导和改变。

品牌溢价，技术溢价，原产地溢价和设计溢价是影响价格的主要因素。品牌是为了消费才设立的，让人们获得心理满足，也是为了获得所谓的面子。有时候面子因素占据了主导地位，引用一个很常见的案例，我们就能看清楚炫耀性消费的特征：一个朋友狠下心买了辆高档轿车，结果不到一年，价格跌去好几万元，我对他深表同情时，他说，其实他心疼的不是那几万块钱，而是价格下跌后，他爱车的档次也跌了下来。这位朋友没说出来的潜台词是，爱车的档次跌下来之后，他的面子也跟着跌了下来。

炫耀性消费是标志性的，不是为了生存、感受和尊严，而是为了地位和身份：只有这样一群人才能这样消费，只有这样消费的才属于这一群人。他们要借此区别与他人的不同，要标榜自己的社会地位。在很多情况下，消费是一种权力和财富的标志，标榜性是这种消费的主要特征：可以不这样做时和不可以这样做时，或者不必这样做时，都要这样做。

我们销售人一定要明白，货真价实不是物美价廉，这两者的区别实际上是两种销售思想的区别。在消费没有升级之前，物美价廉就是客户需要的。有一个营销学者说，没有一种商业模式能够干得过物美价廉，在满足日常消费的谈判中，这条铁律也许是对的。一个酒店在做营销的时候，味道好，量又足，但是服务的水准和硬件设施差了一点，可以说是物美价廉。但是这里不适合办婚礼啊，或者其他的庆祝活动，因为档次不够。这个档次不够，其实可以反映在所有的消费行为中，100元的衣服是能够保暖的，但是客户的需求不是保暖，保暖只是产品质量的底线，客户需要的这件衣服能符合他的身份。

销售人在面对客户之前，需要先判断客户的身份，他的消费或者他们要购买的物资是符合这个身份的，甚至是超越他目前这个身份的。比如一个资产几百万的人买了价值100万的豪车，这种行为说明了他期望成为更大财富的所有者，虽然这超越了他的身份，但是这也是他进入另一个圈子的通行证，别人在推测他身家的时候会往高里算，其实这才是他想追求的东西。基于对客户内心的了解，我们才能够越过价格这个身份衡量标准，给客户提供适宜的产品和服务。

第七章
与客户谈判是“心”与“心”的较量

谈判是一种博弈，博弈是一种纠缠和对抗。销售人知道，谈判是为了合作，为了合作而对抗的游戏需要一种共赢的平衡。谈判的平衡实际上是心理的平衡，销售人必须明白，利润多少是一个底牌，永远不要跟客户去掀开自己的底牌，而是寻求让客户心理平衡，最好的谈判结果就是让客户觉得赚了。

1. 销售谈判过程中，不可过早地做出让步

尽管中国式谈判看起来是很感性的，但是只要是成年人，其实都很明白，你要做他的生意，那你就要拿出竞争能力来。中国的谈判方式看起来是温热的，其实内核也还是比较理性的，只不过双方给对方会留下更多的面子，其实这也是留下人脉的概念。

在温情脉脉的面纱下面会有很多的算计，这种算计对于销售人来说，应该是天然的能力，中国人其实是最懂人情世故的，在潜移默化之中早早的学会了。

有时候，客户跟你个人接触，一个是桌面上的谈判，一个是桌面下的谈判。这种生意做起来的时候，其实销售人有两种角色，一个就是正规的商业谈判者，这是一个职业人，另外一个就是做客户的利益同盟军。我们要知道，客户的个人利益和客户公司利益并不是统一的，销售人必须学会处理好这里面的关系。有时候，私人利益关系成了生意的主导。虽然我们极其反对生意场上的事情复杂化，但是每个销售人都要面对这样的复杂局面。

销售人在销售过程中，需要事先做很多的工作，才能够和

客户坐在谈判桌上。大体上坐到谈判桌上的时候，在合作双方的暗地交流中，双方已经达成了一些交易。

所以在销售的过程中，特别要设计好你的生意流程，如果生意流程错了，你即使和客户合作上了，也别想在生意上能够赚钱，客户能够阻碍你赚钱的手腕太多了。关系型营销就是能够面对这样的问题，商业交涉过程中的人际关系处理确实是一门无穷尽的大学问。

李先生很多年前是做教具生意的，主要就是将一些教学设备卖给学校，或者其他的教育部门采购，如实验室。李先生说，现在的生意环境好多了，做生意的时候能够和对方就价格等问题做到公开透明，合作者都能够遵循一般的生意原则。销售过程中，个人关系这样比较复杂的事情处理起来简单多了。

而在十年前，李先生接触到一些客户，这些客户对于成交的价格不是很敏感，但是对于如何交易很敏感。在一次做单的过程中，李先生联系了一个客户，前后用了一年时间才取得对方的信任，之后李先生要求客户进行比较正规的谈判，走程序。而客户对于正规谈判其实不感兴趣，他只对李先生说，你要将这样的事情做漂亮。对于如何将事情做漂亮，这个就靠销售人自己去想了。客户说："你不要跟我谈价格，价格比你好的厂家很多，我和你合作，主要就是看你的为人，比较沉稳，做事滴水不漏。"

有一次，客户那边的关键人打电话来，说找一个地方谈一下价格，李先生就按照要求去赴约了。在吃饭的时候，客户说：“我觉得这个单子200万是合适的。小李你觉得如何?”

其实，这个价格已经超出了李先生的心理价位，李先生内心很高兴，于是答应了客户的价格要求。

第二天，李先生到客户单位去签合同，客户拿出已经拟好的合同，李先生扫了一眼，上面写的价格竟然是220万。李先生马上就明白了是怎么回事。这一单给了李先生很大的启示，在没有明白一单生意的复杂性之前，不要直接进入价格谈判，那样是毫无意义的，你低价不代表你就有竞争能力。因为人是活的，他可能用各种方式让你的低价变得没有竞争能力。销售有很多个指标，只有这些指标全部符合要求的时候，对销售才能有帮助。

客户如果是一个很正规的谈判者，在专业合作中，不会提出过分的要求。如果销售人的企业是一个硬牌的企业，流程就会比较正规，否则的话，就需要花费大量的精力来揣摩客户的内心状态。

在大客户销售的过程中，其实客户内心是知道销售人成本线的，也就是说，他想在销售中给你的利润是可以控制的。所以在明面上的价格让步和其他的让步都要考虑先满足个人再满足企业的需求。尽管在销售事件中，这样的思维方式是不合时宜也是不合法的，但这却是做市场的人一件必须知道的事情。知道而不为，才是有智慧的人。

所以销售人要明白，在接触客户，给客户报价的时候一定要小心，在谈判桌上，不可以太早地让步，因为有可能会出现这样的情况，客户其实并不想你在某些地方多做让步，销售人在没有理解到客户内部复杂性之前，不要在成交条件上做让步，可以避开问题，去谈及其他的合作问题，比如双方对接和配合度，这样的问题其实也是合作要素，但是不影响自己企业的收益。

2. 永远不要接受第一次开价或还价

对于任何做销售的人来说，价格谈判是个很累的活，这样的事情很伤脑筋。价格因素要看单子本身，有些单子对于价格极其敏感，有些单子对于价格则表现得不敏感，对方要求就是做事要漂亮。

不过无论客户对价格敏感不敏感，在双方进行商业谈判的过程中，都不要首先报价，对于客户开出来的第一次报价，不要轻易地答应，因为你的爽快，会让客户有上当的感觉。无论客户关键人有无自己的需求爱好，都总是有一个客户立场的，也就是维护自己企业的利益。他们其实也追求整体利益的统一。按照中国人做事方式，奉行水至清则无鱼的原则，做事是有度的，在价格谈判的过程中，一定要让客户觉得自己有成就感，这份合作来得不容易。销售人一方已经做出了牺牲。谈判过程中一定要让客户眉开眼笑，自己却装出痛苦的表情。

对于价格敏感的客户，在价格问题上则要更加小心了，因为这样的客户会慢慢地步步紧逼，直到销售人这一方变得无钱可赚为止。

在价格问题上，销售人面对的客户谈判，大体上都处于一个中间状态，也就是说，他们既对价格敏感，也对谈判中的其他要素敏感，所以价格因素要靠其他交易因素的交换来得到一个合理的区间。有时候，在其他因素上让步，比如交货时间和交货方式，款项的支付方式变化都是换取价格让步的手段。

价格虽然是显性的，也就是我们看到合同的时候，总是将成交价格当成是一个成功或者不成功的标志。实际上谈判有很多隐性的东西，不会在价格上体现出来。好的企业不会在价格上苛刻到让自己的供应商没有钱赚，那样的话就不是放水养鱼，而是卸磨杀驴了。一些大的外企，在采购的时候，价格要比市场上一些交易价格高一点，那不是人家傻，而是他们秉持价值链每一个环节都要有所盈利才能维系价值系统的运转的原则。

对供应商价格的把握实际上主动权不在销售人手中，这是市场中一个冷酷的事实，你必须认同这样的事实，在这个基础上才能够理解交易。销售人就是要在这个事情的基础上，实现企业的更大利润，每一步都要走得小心翼翼。

在国内，很多企业为了进沃尔玛的超市，在价格上被客户杀得体无完肤，因为价格低是沃尔玛的竞争哲学，采购成本低才能够保持市场竞争能力。如果销售人跟这样的客户去谈判，其实就是冰冷的价格谈判，你无论多少次出价，都要让你的利润率低到只能为企业赚取运营费用，而不是发展的资金。

吴先生是一个做大型精细冷冻粉碎设备的企业的销售人，客户都是制药公司和营养食品企业，作为专业设备供应商，卖得多不如卖得精，因为客户在这方面的知识积累和销售人是不对称的。所以吴先生和客户做价格谈判的时候，总是先了解客户的心理价位是多少，当然问这个问题是时机，要巧妙。吴先生说，自己公司的设备有50万的大型设备，也有几万的小设备，价格有很大的差异，关键就是客户要根据自己的生产能力来确定购买的设备。从设备选择上来选择价格区间。

客户总是先说出自己的价格区间，因为这不是产品的报价，而是客户能够接受的价格范围，其实价格范围里包含了极大的信息量。显然，在客户报出自己价格区间的时候，实际上就等于是第一次报价。吴先生会推荐价格比客户接受范围稍微高一点的那一款设备，而不是价格最低的那个设备型号。

吴先生认为，在自己做销售的过程中，吃过不少的亏，都是因为自己提前报了价。有一个客户，本来可以买进20万的一款设备，但是吴先生却低估了客户的购买需求，报了几万价格的那款设备给客户，客户觉得几万块的设备也能够跟企业的现状相对接，于是马上改变了主意，买了小设备。

这个事情对于吴先生来说，是一次失败，在这个事情之后，他逐步地摸索出了很多让客户先报价的方式方法，这些问题都是潜藏在需求之中的，先判断客户的需求，然后考虑到企业未来的发展状况，让企业在购置设备的时候一次到位，而不是过程中再折腾。很多客户也就真的接受了吴先生的建议。所以，在公司大型设备的售出总额中有一半是吴先生完成的。购买产品在客户心中一定有一个价位，不要急着报价给客户，而是让客户说出自己能够接受的价格。

贴近客户心理价位成交方式不是什么新玩意，在很多的销售原则中都将这一条当成价格谈判的核心原则。事实上也确实如此，销售人心理的价格是成本加上利润，而在客户心中，他们想的是这个设备就值这个价，客户第一次报价就泄露了自己的底牌，无论是销售人还是作为一个采购者，都不要直接去碰触这个问题，而是在长时间的试探之下，逐步获得对方的底牌。这样的处理是符合谈判流程的。

3. 永远不要泄露自己的底牌

其实，每个企业都有一些商业秘密是不能跟客户讲的，而有些秘密更是企业的底牌，底牌被客户知道了，销售人也就无牌可打了。

正式的桌面谈判时间在整个交易的总时间成本中，其实只占据很小的一部分，很多谈判前的接触，都是为了获得对方的底牌。在商业接触中要小心，也许无关紧要的一句话，就把企业的底给漏了。

客户和我们在做交易的时候，即使他们内心很急于完成采购，也会佯装成不怎么着急，因为着急就是一个商业信息，是企业谈判底牌的一部分。谈判桌就是文明时代的战场，销售人的谈判水平也间接地影响了企业盈利水平。

销售人应该注意客户在跟我们交往过程中的一些试探性的问题。无论在什么场合，哪怕是和客户泡在温泉池子里的时候，也要留住谈判的底线。相互之间只要聊到商业问题，马上神经就紧绷起来。谈判主客双方约吃饭，事先都规定在酒桌上不要谈工作问题，因为人在轻松的时候，很容易就会把一些不该说的话说出来了。

销售人需要学会“遮掩”。用一些不太真实的信息或者不太重要的信息来掩饰自己，然后通过一些故意包装过的问题，来引诱自己客户做出回答，在其中网罗自己需要的信息。当客户要说出他的实际问题的时候，他会习惯性反抗，也会跟我们绕圈子，大体上整个接触客户的过程就是这样，这对销售人是一个长期的考验。

不过这样也没有关系，从大道理上讲，人类的大脑之所以进化，一方面是生产环境的变化和劳动造成的，另一方面，大脑发育的另一个主导动力是人类之间的协调能力，这种协调能力需要相互配合和妥协，甚至欺骗。人类学证明了那些善于使用人际技巧和谋略的人能够获得商业上的成功。这是一种启示，销售人必须具有人际方面的谋略，而这方面需要很多的历练。

商务谈判就是双方在打牌，看着自己的底牌，也要知道对方的牌，对方打出什么牌，就要有自己的应对方式。谈判的特征，就是互动。

黄先生是一家家纺企业的销售人。因为自己的不谨慎，在一次非常重要的招商活动中犯了一个错误，结果导致了自己在企业内部被通报批评，公司还专门为这个事情创立了一个如何为企业保密的新条例。

事情的经过是这样的，黄先生的公司开始发展内销市场已经好几年了，公司会周期性地举办招商会，寻找各地的代理商。黄先生主要就负责这方面的工作。当时，因为领导层在经营方面发生了分歧，有一个股东退出企业经营，导致了企业资金链的紧张，也就是说，这次招商活动的目标就是让企业获得现金，对于企业来说，这是非常重要的事情。

黄先生和几个代理商的关系比较好，在招商会开会之前，几个人碰了一次头。席间，黄先生喝多了，无意之中说出了自己在企业内的尴尬，出走的股东想带着他走，但是他想留下；而股东出走导致企业资金链特别紧张，此次公司期待通过招商活动缓解危机。

黄先生无意中的抱怨，却被一个代理商告诉了另外的经销伙伴。其中有一个代理商在招商会之前就开始串联其他商家，在招商会开始的时候集体不签单，和企业进行一轮谈判，以获得更好的价格条件和支持条件。这让企业整个营销部乱了阵脚，而公司内部资金紧张的消息被泄露以后，公司只有接受城下之盟，这给企业带来了很大的损失。

事后，公司开始追查，黄先生主动向老板说明情况，结果老板特别生气，批评黄先生保密意识不强，要全公司通报批评，还罚款，引以为戒。这样做是为了让员工能够长点记性，因为无意中的一句话就泄露了谈判的底牌，这会给企业造成不可挽回的损失。黄先生也懊恼自己犯了这种低级错误。在以后的谈判过程中，尽力维护公司利益。

其实，合作双方都是有底线的，即使双方是战略伙伴关系，也不能够完全共享信息。因为合作毕竟还有一种博弈关系在里面。即使是最好的生意朋友，都需要保留信息。谈判双方就集中在如何分配已存在的优势和劣势、盈利和损失、任务和责任上。客户得到的越多，销售方得到的越少，双方正好相反。这容易导致一方认为自己是输家，另一方认为自己是赢家，或双方都认为自己是输家。无论哪一种交易，本质上都是一块大饼中间划一刀的事情。如果一方已经完全知道了对方的底牌，那很可能会导致不公平的交易。

4. 从肢体语言中洞察客户心理

谈判是面对面的直接交流，人与人之间的交流，文字交流只能表达少数信息，而面对面的交流能够实现全维度的实时互动，所以面对面的谈判和商谈是任何沟通工具都不能够替代的。

肢体语言和情感表达能够让我们准确把握顾客心理，我们通过观察客户的肢体语言，就能够分析出客户内心的真实状态，肢体语言所能够表现出来的东西，有时候比语言更加准确，因为语言可以掩饰，而有些内心的意识是很难掩饰的。很多老销售人都是这方面的专家，当然，这种观察能力也是能够靠后天训练得到的。

那么，销售人在谈判中如何去判断客户的肢体语言呢？其实一个人的行为和下意识的动作改变都意味着思维过程的改变。

首先，我们能够从一个人的脸上读出“真诚”两个字，这是具有正常智力水平的人类具有的天然能力。一个人内涵的东西其实都写在脸上的，这是人类进化的结果。我们说，一个人老实不老实，看一眼就知道了。我们自己可能也会问，为什么老实人的老实能够呈现在面部呢？可能我们自己用语言是无法表述出来的，在我们的脑袋里，会有一个处理模糊系统的独特方式，我们根据一个人的第一印象，就能够判断出这是一个什么样的人。

也许，客户的笑容里就有很多的信息，会心的微笑和强行挤出来的一丝笑颜是不一样的，客户的笑容中带有很复杂的信息。有些是真诚的，有些甚至是卑微的，有些则是高傲的，销售人大体上能够根据客户的笑容就能够判断自己和客户之间的支配和被支配的关系，知道在和他的交流中自己处于优势还是劣势。

谈判过程中，可能有这样的迅速的角色转化，比如你在没有介绍自己之前，客户一开始不太在意，但是你的面部表情表现出了足够的自信，然后在交流的过程中又用实例佐证了这种自信的话，那客户和你之间的关系可能就发生逆转。客户和你之间会变换谁求谁的问题，交流总是这样，总会有一方开始主导另一方。

在交流的过程中，处于弱势的一方往往会在动作和肢体语言上向你靠拢，他可能在语速上做调整，进入你的语速，无意识地模仿你的动作，或者配合你的动作。比如你讲问题的时候，讲到比较精彩的地方，他会有密集回应。比如客户对你的提议比较有兴趣的话，他会欠身向前，或者在表情上会表现出真诚听讲的样子。当然，对于事情的反应幅度，每一个人都不一样，有些人很沉稳，几乎没有什么肢体语言，但是只要留意，还是能够找到他们的一些规则。比如点头回应，按照一般交流的过程，一个人在认真听讲的时候，身体的某一部分会不由自主地有打拍子的动作，而大部分人会点头。这是一个自然的过程，有助于让自己记住对方说的话。

在谈判的过程中，就算一个人整体放松，还是多少会有些紧张，一个人碰到陌生的环境，也会紧张，我们在前文已经说过，一个人进入新环境的时候，会有几分钟的不安，这其实也是人类的一种本能，潜意识中对于陌生环境的安全性需要观察得出结论。所以在双方谈判之前，为了降低客场谈判的紧张气氛，主人最好还是领着客人在自己的环境中转一圈。比如在公司里谈判，会带着客户到几个相关部门去兜一圈，或者到车间去感受下氛围，这都是在降低对方的紧张感。紧张感实际上是一种自我保护的需求，如果直接和客户进入主题，在陌生环境中客户会更加趋于保守，对我们的条件会提出更多的疑问。

在谈判的过程中，如果销售人的沟通策略是有效的，那么客户会有积极的回应。有时候，语言表达是不准确的，因为出于面子和社交的需要，就算对方讨厌你的时候，也可能说出你很受欢迎的话。但是在交流的过程中，他不断地打哈欠，手上还有一些小动作，摸摸自己的鼻子等等，这可能都是消极的肢体语言回应。这时候，销售人就应该转换话题，转到客户感兴趣的地方。

一般情况下，既然谈判双方已经就交易问题表示出合作的意向，那么建立基本的信任感应该没有问题。有时候，我们要判断，客户对我们的产品和服务如何看，如果不是因为我们服务内容的问题，大概就是交流之间的问题。

销售人必须知道客户是在真的思考接受我们的服务，还是在表面上应付我们，这种判断能够节约很多的成本。其实一个客户对我们没有提出多少问题，都是销售人在说，而没有建立对等交流的话，这样的交流多数都是敷衍。有些客户和我们在一起谈话的时候，谈话语速突然变快，这也是一个问题，说明客户有意在隐瞒一些真实的想法，并且急切地将表面化的东西告诉销售人。

其实，关于肢体语言的文章很多，每一个人都能够感受到对方的一些态度，有时候，这不是用语言能够表达的，要靠自己的直觉做判断。我们自己的感觉器官可以全面收集客户的所有信息，这种潜在的信息收集能力会随着我们经验的增长而不断加强，这种直觉力利于我们在短时间内分辨出谁才是我们真正的顾客。

5. 欲擒故纵，放长线才能钓大鱼

商务谈判的时候，由于双方有天然的对立统一的关系，所以在这个时间段内，有时候双方是对立的，有时候双方又是统一的。在这样的过程中，由于双方的不妥协，造成尖锐对立的事情也有，但是谈判专家认为，不需要产生激烈的对抗，谈判双方都需要台阶。激烈的谈判能够带来好处，但是还要考虑以后的合作。

做生意就是唯利是图的，这是小生意商经。但是这样的一句话，放在具体的环境中对不对，就不好说了。谈判双方很多时候都是冲着战略合作方向去的，而不是一次售卖行为。明白了这一点，也就认识到对立是为了合作，而不是将谈判对手逼到墙角，最后不欢而散。

谈判过程中，会有多轮的拉锯作战，是一个互有攻防的过程，比如客户讲的是价格，我们可以跟他去讲服务、交货时间和付款条件，这种新的条件使得单纯的价格因素讨论变得讨不到便宜，最终形成一种彼此让步，彼此妥协的机会。真正的谈判过程也就是这样的。

我们和客户谈判，在必要的时候，可以先顺应客户的观点，这就是欲擒故纵的原理在谈判桌上的应用。尤其是谈判刚

刚进入状态的时候，需要创造一个良好的气氛，在无关紧要的方面跟着客户走，目的就是要在适当的时候，将客户拉到我们既定的轨道上来，这是一个策略的应用。

销售人当中，保险人一直都是很锻炼人的职业。台湾国泰人寿保险公司的资深业务员叶明全，一直都是台湾寿险的王牌业务员，他经常跟各行各业的同仁分享自己跟顾客的互动经验。他曾经说，在保险销售过程中客户都有千奇百怪的理由来拒绝保险，有些人明知保险很好，也打算要购买，但是每逢营销员来时，总爱出题考考对方的智慧和应对能力。在经过多次交手之后，认定营销员足以过关时，客户才会心甘情愿地将钱交给险种推销员。

这位年薪达到2000万新台币的保险人，在销售过程中一直使用欲擒故纵的方式跟客户进行谈判。在谈及如何跟客户沟通时，叶明全认为先跟着客户思路走其实是一个很好的策略。客户从不理解到理解，总有一个过程。你在这个过程中，逐步学会引导客户，让客户自己体悟到自己原先坚持的东西也不是完全正确的，这一定是他自己认知的改变，才会主动走到我们这一边。

有一位比较刁钻的客户问叶明全：“叶先生，将与保费相同的金额，用于定存或投保储蓄险哪个较为划算？”

“如果以20年来说，定期存款会比较划算。而且随时都能够提现。”叶明全说。

“你的答案怎样跟别人不一样？我遇到的保险推销员回答问题的时候都是竭力的维护自己的话。”客户惊讶于叶明全的答案，竟和其他保险销售人所言的“当然是保险比较划算”完全不同。

在这样回答的时候，叶明全用“欲擒故纵”的方法，从“保险最大的功能在于只要保单生效之后，立刻享有高度保障”和“只存于定存，则需要长期的积累，才能有相同的效果”的角度进行了详细分析，最终赢得了保单。这就摆明了保险和储蓄的不同。客户在自己思考之后，会得出自己的结论。

如果我们在谈判的时候一味地和客户的价值观相对抗的话，我们就不能将客户拉到我们这一边来。要想改变客户的立场，必须是客户自己改变自己的立场，而不是我们和他们争论过来的。其实，在顺着客户说话是时候，我们可以将他引入到他自己的观念困境当中。当他自己开始变得迷惑的时候，销售人就有必要拿出自己的实证案例，摊开在客户面前，同时也要给客户一个思考的时间。

在使用欲擒故纵策略的时候，不要和客户争论谁对谁错，即使客户的观念转变过来了，我们也要设法证明这是他自己做出的决定，而不是我们替他做出了这样的决定。如此，就可以在谈判的过程中轻松使用这样的策略了。

6. 谈判桌上五种话不能说

有经验的销售人在正式谈判之前，会主动要求双方做一个接触过程的备忘录，这个备忘录标明了双方的交流过程，主要将双方接触的目标写出来。里面有双方接触后的一些言谈记录。这个言谈记录能够保持双方最大的和气，毕竟在商言商，和气生财嘛。

商业谈判的过程中，双方交流是一个人与人之间的互动过程。这和朋友交往其实也有很多相同的地方。所以按照一般的交际原则，有些伤人的话是不能够讲的，不说过头话，是有素养的一种表现。

如果双方没有签备忘录，很可能会为合同的某个条款问题争论得面红耳赤，在谈判团队中有时候会有说话损的人，半句话就能坏很多的事情，谈判易发展成口角。另外，有时候谈判中隐藏着欺诈和不愿倾听的事情，会引起对方的不信任感。这些在谈判中都要极力避免，谈到艰难的地方需要适当地停一下，谈判是理性的商业行为，不需要带有个人的情绪。

在谈判桌上，有五种话是不能讲的，谈判是双方在桌面上的博弈，私下里能够沟通的话就不要在谈判桌上讲；太硬的话不能讲，那很可能引发对方的强硬，强柔之间是一种互克的关系；总是被别人牵着鼻子走的软话也不要讲，这会让对方觉得你好像在求着我似的；谈判桌上不要先讲让步的条件，除非是交换条件；另外，不要做任何私人攻击，因为那已经不适合谈判这种理性主义的场合了。

谈判是文明时代的战争，虽然西装革履，但其实和古代的对阵冲杀是一个道理。谈判桌就是双方约定的战场，有时候，双方出现的都是很善于作战的骁将。如果不小心，就会被对方斩落马下，因为此刻你不知道对方手里有什么牌。一个带着满腔情感的谈判者，在正式谈判五分钟之后，肯定会变成一个完全理性的人，谈判环境就是这样的冷酷。

岳飞写出了浪漫主义的《满江红》，但是不会在作战的时候去写。同样，一旦进入谈判程序，就不要再讲任何感性的话了，那会显得你幼稚。那些私人情感的话，只能显示出你的软弱，透露了自己的一部分底牌。

商务谈判中说“不”的艺术，让客户一步步走进预设的“圈套”，这是谈判的智慧。在谈判桌上，就是看谁的布局能力比较好，而不是逞强。谈判者讲话太硬容易栽跟头。在谈判桌上，想用语言控场是办不到的，你只能用诱导的方式解决问题。当然我们不能排除在我们谈判队列中有一个黑脸的角色，这只能在关键时候说上一两句，而不能作为谈判中的主菜。

谈判就是互有攻守。这里有一个关于谈判的故事，有一个国内的生意人和以色列生意人谈判，前一天晚上，他们说了很多感性的话，双方找到了共同的话题，也找到了久违知己的感觉。但是到了第二天，双方坐在桌上的时候，那个以色列人却步步紧逼，而生意人则一直延续着前一晚对话的风格。结果在签单以后，这个国内商人没有获得自己想要的条件，让给对方很多有利条件。

其实，在谈判桌上，不要被情感牵着鼻子走，不要去主动迎合对方，丧失了自己立场是很被动的事情。在谈判的时候，双方其实都是有牌打的，如果自己手上一点牌都没有，那就构不成谈判的基础。所以，对方要牵引你的时候，你就要在另一个方向实现反牵引。总之，谈判桌上说软弱妥协的话，实际上会激起对方再下一城的欲望。要知道，在谈判桌上，双方谈判都是几个人组成的战队，团队欲望是无法满足的，要守住只能进行反冲锋。

谈判其实是理性的事情，但是谈判破裂的时候，我们能够看到双方都气不打一处来，对对方也是充满了抱怨，也都会将谈判失败的责任推向对方。很多时候，谈判到僵局的时候，有些性格火暴一点的人可能就会出言不逊，出现了人身攻击，这其实是不可挽回的，因为谩骂和人身攻击有可能会让人从理性的状态一下子变成满是恶感的感性状态，这种时候生意也就不做了，“钱不赚了”的心态也会处于上风。因为在市场经济中，没有谁离开了谁就吃不上饭的问题。

销售人员在谈判过程中，最基础的判断是：谈判的每一步是否创造了价值。有了这个标准，做事就不会偏航。

在国内，谈判好像不是很重要的环节，真正的谈判都出现在政治和军事等领域。在大部分企业中，销售人员都是单兵作战的，国内的绝大部分企事业单位的治理结构很简单，这就决定了很多身经百战的销售人员对正规的商业谈判不以为然，搞定决策人、搞定校长、搞定院长的过程代替了桌面上的谈判。在这样的环境中成长起来的人，如果要回归到正常的靠竞争力制胜的生意，还是比较困难的。

在国内，关于团队销售，采用兵团式作战的销售方式和思路，许多销售人员终生都用不上，一个医药代表可能不需要知道什么营销理论，也不需要知道什么销售程序和谈判技巧，但是照样可以将业务做得风声水起。在缺乏监督和透明化的行业中，一切的理论和营销套路会显得老土无用。可能在某些行业内，采购行为只是模拟市场经济行为，本质上是个人寻租交易，但在表面上却是市场经济。

这些销售行为，在全力反腐的社会环境之下，会越来越表现出自己的局限性。

销售不做“一锤子买卖”，谈判目标不仅要考虑到谈判的结果有利于当下，也要有利于长久，如此会让谈判变成一场有章可循的游戏。

第八章
如何搞定你的大客户

擒贼先擒王，大客户对销售人来说是最能够出成就的客户，那些杰出销售人得到的报酬可能是几位年入百万CEO的总和，而这些杰出销售人是如何做到的？事实上，他们有自己的一套做事和寻找客户的方式。系统平台的支持加上关键人脉的把握，一定能让销售人取得辉煌的业绩。

1. 80%的订单来自20%的大客户

做企业其实就是一个圈子，看你和谁站在一起，如果一个企业总是跟一流市场竞争能力的企业在一起，迟早也会变成一个一流企业。销售人如果要想在自己的职业生涯中创造出比较大的成就，就必须让自己的眼光紧盯大客户。因为大客户营销能够给企业带来巨大的收益，也能够帮助自己的企业在丛林竞争中找到未来的发展方向。“二八定律”是一个指导企业发展的主导规律之一。

企业在分析自己客户的时候，总是能够发现一个简单的规律，少数大客户给企业带来大部分的利润，而大多数小客户则只能带来少数的利润。这是在财务上体现出来的规律，所以在企业营销过程中，就需要分配好自己的资源，维护好大客户，不能够给企业带来利润的一些小客户，就需要适当地裁剪掉，或者分配比较少的资源给他们，这样可以高效利用自己企业的资源。

当然，企业在服务小客户的时候也需要经过自己的思考，有些有发展前途的小企业客户也是不能够裁剪的，有些小客户可能会成为未来的大客户。很多企业战略联盟都是在企业都很小的时候共同发展起来的。所以营销决策者在做这个判断的时候，其实也需要一定战略眼光。

王女士是北京中关村的一个信息产品供应商，当刘强东创办京东商城的前身京东多媒体的时候，王女士就成为京东的供应商了。原来，王女士的渠道都是在华北这些省市，那时候，线下的客户占据了销售额的绝大部分，京东多媒体只是个微不足道的小客户，但刘强东领导之下的京东发展很快。王女士也积极地给京东供货，尽力服务好这个客户，京东有很多新的要求，比如时间点和质量方面要求很严格，王女士就京东的采购流程做了新的调整，让自己的企业能够跟上京东的快节奏。

经过几年的发展，信息产品原来的线下渠道大大萎缩，线下的生意只占到了 3 成左右，而原来不起眼的以电商京东为主的线上渠道却占据了整个公司销售额的 7 成。这种变化也出乎了王女士自己的预料。和王女士一起做贸易的人，几乎都遇到了业务萎缩的问题，但是王女士这些年来，公司业务却获得了长足发展，少数几家大客户为自己创造了大部分利润，无论在线下做还是在线上做。大客户一直是王女士利润的主要来源。

在和成长性很好的京东商城合作后，也改变了企业的经营架构，现在，王女士的企业也已经完全信息化了，这对企业未来的发展有很大的好处。王女士认为，和这些大的客户合作，不仅能够提高销售额，还能够改变企业的经营方向，让企业跟上变化的市场。在做好大客户的时候，一定要维护好成长性好的客户，这能够带动企业继续发展。

对于大客户营销，销售人都会有自己的经验，一般情况下，销售人在日常的销售活动中，要将时间和精力放在一个能够争取的大客户身上，也要注意维护好自己身边的一些成长性很好的小客户。

大客户的销售之道和小企业销售不同，那些做惯了交际人的小客户销售人，并不熟悉大客户开拓的流程。小客户营销是销售人自己决定的，销售人自己就是一个销售系统，而大客户营销则是一个营销系统，凭借的就是系统合力。大客户营销过程，实际上还是比较理性的，大客户营销需要专业性的服务，这使得销售人的角色需要转变成一个客户服务人员，如果涉及到人际关系的协调，销售人本身还是一个协调人的角色。主要工作内容就是完成双方专业系统的对接。专业化对专业化，这是大客户营销最显著的特点。

“二八定律”是销售人应该知道的一个常识，这样的原理对一个处于市场前沿的小销售员来说，只是一个知识点，但是对于企业的营销管理者，这却是非常重要的营销常识。也许，一流销售人和成绩一般的销售人之间产生差距的直接原因就是客户大小的差异。

2. 锁定大客户，分配好资源

在企业界，做事是现实的，门当户对。

如果销售人自己的企业是一个不入流的小企业，那么获得大客户青睐的机会就会小很多，当然，小企业的产品也许很有竞争能力，这样的话对于大客户开拓来说，还是有机会的。那些小平台的销售人虽然知道“二八定律”，但是平台不好，也不能够获得大客户。

大平台锁定大客户，这是大企业销售人之所以能够成功的密码。确实，小企业的销售人获得惊人业绩的事情不是没有，而是机会少。在做小客户的时候，我们觉得这靠努力就能够完成自己的目标，但是在大客户销售的问题上，我们必须承认这一点，平台在大客户销售中占据很重要的地位。

我们总有这样的一个常识，大企业做大企业的事情，小企业做小企业的事情，如果相互错位，谁也做不好。所以，销售人在准备做一流企业客户的时候，要掂量一下自己的企业是否有能力和对方去对接。

锁定大客户的销售还包括另外一层意思。这当然属于企业营销管理的范畴，即使是小企业，在自己的客户群中，也总是少数的客户带来大部分的利润。这时候，作为营销管理者就需要将自己的服务能力集中到这少数客户的身上，而不是那些行业中的大客户身上，毕竟，保证企业营销成绩的平稳发展是一个企业营销管理者的主要责任。

开展大客户战略是需要平台的，这是本书一直强调的东西。销售人员一定要下血本为自己寻找一个大的销售平台。吉拉德在密歇根的一家雪佛兰汽车代理公司做推销员时，15 年中总共卖出了 13001 辆汽车。大家不要忘记了一个事实，雪佛兰是世界 500 强企业。推销员吉拉德之所以如此出名，成为世界上最受欢迎的演说家之一，是因为20 世纪60 年代是美国汽车的黄金时代，天时、地利、人和造就了这个杰出的销售人才。

如果吉拉德推销出去的是 13000 把刷子，而不是汽车那样的高价值商品，那他就不会这么有影响力。所以一个销售人员坚持要做整单和大客户，也只有这样才能快速地改变命运。

如果找不到好的平台怎么办？继续争取。要像找客户一样找好的平台，在多年以后，你会发现这是明智和有价值的选择。

如何锁定大客户呢？大客户营销其实就是一个系统营销的问题。

什么叫作系统营销，这是很多看重个人关系、看轻系统营销的人所没有接触过的。这是一个兵团的作战体系，其实也是世界 500 强的主导营销系统方法。

SPIN 销售法是美国学者尼尔·雷克汉姆先生创立的。尼尔·雷克汉姆的 SPIN 销售法是在 IBM 和 Xerox 等公司的赞助下通过对众多高新技术营销高手的跟踪调查提炼完成的。

SPIN 销售法其实就是情景性、探究性、暗示性、解决性问题 4 个英语词组的首位字母合成词，因此 SPIN 销售法就是指在营销过程中职业地运用实情探询、问题诊断、启发引导和需求认同 4 大类提问技巧来发掘、明确和引导客户需求与期望，从而不断地推进营销过程，为营销成功创造基础的方法。

雷克汉姆分析了营销活动中的步骤。营销活动一般要经历 4 个周期阶段：①开场启动阶段；②调研交流阶段；③能力展示阶段；④买卖承诺阶段。只有上一个阶段完成了才能进入到下一个阶段，但是第二阶段即调研交流阶段是最关键的，在这一阶段的表现将在很大程度上决定营销成功与否，很多营销失败就是营销人员将重点放在了其他阶段而在第二阶段浅尝辄止。SPIN 销售法提供了一种巧干的高效系统方法。

SPIN 销售法教人如何找到客户现有背景的事实，引发客户说出隐藏的需求，放大客户需求的迫切程度，同时揭示自己产品的价值或意义。使用 SPIN 策略，销售人员还能够全程掌控长时间销售过程中客户细微的心理变化。

在系统营销过程中，任何一个大客户在购买产品时，都会有五种人参与决策，即决策人、相关的财务人员、支持人员、技术人员和实际使用产品的人员，这五种人都对采购决策产生非常重要的影响。

决策人就是在一个单位中对各项采购做出决定的那些人。销售人应明白真正拍板的决策人需要的是安全、可靠，至于质量等基本的产品因素如果不达到标准，他们会在第一时间否决，所以只要能保证流程稳定，就能够进入企业。决策人通常是高职位者，这类人一般都不愿意在各种表格上签字，因为每签一次字就意味着承担了更多的责任。此外，决策人通常还非常关心投入产出比。

采购人员是要担任责任的，在这样的情况下，作为责任人的采购不得不理性，要经得起其他人的检验。这种营销方式也在一定程度上防止了商业贿赂行为。

很显然，SPIN的销售概念已经不是个人对个人了，它是团队对团队的整体推进。当然，在大客户营销中，双方都有一个能够提供决策的人士。刚入行的销售人员往往看不到系统的合力，而认为是顶尖销售人员的一己之力。

SPIN最主要的精神在于满足客户的需求，也就是说销售人员应充分练习发问的技巧，利用情况性问题来建立客户的背景资料库，并以难题性问题来探索客户的隐藏性需求，接着采用隐喻性问题使客户了解隐藏性需求的重要与急迫性，进而提出需求和代价的问题让客户产生明确的需求，最后提出解决方案，让客户感受到产品或服务的价值以及购买利益并加以支持与赞同，最终达到成交的目的。整个过程都是以客户的利益为核心的。

做大客户营销的人，至少也是业务代表的级别，代表的意思其实和经理的意思也差不多，这表明在大客户销售人的后面需要有大量的支持者。既然大客户销售人也需要一定的领导和协调能力，这就要求销售人分配好销售资源。做大客户的销售人要能够及时调动专业团队的力量，让团队中的人各司其职，让销售人从单兵作战变成一架具有立体攻防能力的战车。

3. 大客户销售，也要量力而行

销售人在做大客户销售的时候，一定要懂得营销管理方面的事情。这关系到企业的总体效益问题，大客户在意的不是你的产品本身，而是两个企业体系能不能够完美地对接。

比如一个小企业要进沃尔玛渠道，沃尔玛可能会对这个小企业进行考核，也就是供货质量、供货价格，以及最关键的供货能力有没有问题。企业外的仓储体系完备不完备，在较短的时间内，能不能够实现供货时间的保证；还有回款的问题，作为沃尔玛的供货商能不能接受一定额度的押款和回款交货期。

看到这里，我们就知道，想做一些行业渠道大客户的订单不是那么容易的事情，对于小企业的发展来说，对接大客户也不是最好的事情，小企业无法实现“一分价钱，一分货”的无差别服务。无论是采购还是销售，对于小企业来说，也都不可能具备这种标准的服务能力。“一分价钱，一分货”其实是一种公平交易的理念。小企业在大客户或者行业领导及客户面前，很难做到公平交易。通过这一点，我们需要理解，一个销售人不可能超越平台创造奇迹。

销售人在做客户的时候，需要给自己企业的定位。你的产品是给什么人用的，销售人心理要有数，销售管理层也要有数。小企业营销主要还是针对一些系统简单的企业和个人进行营销，以搞定人为销售的主要方式。也许，小企业需要服务好已经拥有的“大客户”，那些能够给企业带来大部分利润的客户需要被好好地服务，好好地去理解客户的需求。在开拓新的客户的时候，需要进行价值评估。

我们认为销售人重点服务的客户应该是公司的高价值客户，而不是大客户。有时候，客户的大小和销售人企业之间可能没有关系。和谈恋爱一样，不一定需要盯着那些女神和公主，最主要还是需要找一个能够一起过日子的女人。销售不要找最大的客户，而是能够跟企业服务能力相匹配的客户。

大客户营销的过程是系统对接，是大企业间的战略合作，不是一个大单子。大客户合作的方式跟我们小销售人理解的不一样。对市场上有规模需求的大企业而言，他们在选择供应商的时候有自己的一套标准，大企业能够完成整个供应链的管理，会为自己的供应商确立服务的标准和对接的方式。比如大企业要求供应商的信息系统和自己的企业供求信息系统相连，在采购流程上能够实现信息化，这样才能够纳入到企业的精益生产体系。跟这些大企业合作，需要被纳入他们的供应链管理体系。

销售人在获得大客户认可的过程中，可能需要经过艰苦的努力，因为这不仅仅是产品供应的问题，也有体系的整合问题。而这个过程往往会长一点，如果自己的企业能够顺利地和大客户合作，自己的服务体系能够服务于他们，那当然是一件好事。

不管什么样的销售方式，人与人之间的磨合都处于重要地位，在大客户营销中，一开始合作是基于人与人之间信任和合作，到合作以后，往往是体系和事情推着人走。这就是大客户营销和小客户营销不同的地方。

销售人员和大客户的沟通是不能松懈的，需要时时主动征询意见，建立私人间的情谊，与关键决策人之间的信任关系是非常重要的。其实私人利益关系是在合作成熟之后才能实施的，在这之前，即使销售人员有意，客户方肯定也会托辞推掉。所以大单都有原则，先将事情做好，然后再谈其他的事情。

很多企业舍得下血本，建立专门的大客户管理部门和客户建立沟通的制度。企业大客户经理和服务代表要经常性主动上门征求大客户的意见，与大客户进行深度的沟通，及时发现大客户的问题和潜在需求，并及时给予解决和满足。同时，企业还要加强与大客户之间的情感沟通，在实际操作中，企业可以定期组织企业与大客户各个部门、各个层级之间的聚会，努力与大客户建立相互信任的伙伴关系。企业需要舍得在这一方面花钱的。

大客户营销需要来自企业的支持，对于大客户的开拓和维护，企业需要财务方面的特别支持。这种深度合作关系，不仅仅是销售人之间的对接，更是两个企业之间的深度对接，涉及到的关系是多层面的关系。而此刻销售人在其中，实际上就成了一个“管道”管理者。

企业最好要形成制度化的文件，保证执行到位。大客户营销其实强化了系统的力量，强调了系统的合力。善于利用系统力量的销售人员，最终会变成将帅之才；靠自己一己之力做单，取得不错的业绩，那是侠客之道。大客户营销需要企业做好自己的市场竞争能力，以及跟大客户配合的能力，这其实是大客户销售的基础工作。在这个基础上放手去干，才能获得好的发展。

4. 如何搞定大客户的人际关系

小客户可能给我们下一个大单，但大客户总是一直给我们大单。这就是我们为何要更加注重大客户人际关系的原因。但大客户总是不断处于各种竞争对手的“挑逗”之下，如果销售人不和客户建立比较铁的人际关系，那么下一单的时候，这个大客户就可能“叛变”了，因为优质的大客户，总是吸引着销售人的目光，“一家好女百家求”。

大客户的人际关系是一个人和几个人的关系。做大客户需要动脑子，不是直接推销那样比较简单的程序。大客户的决策流程比较复杂，我们需要设法了解清楚客户内部的一些关系，使得我们的工作变得有成效。

销售人可能认为自己从事销售工作，对客户情况已经知道得很多了。但是如果你真正开始收集客户信息，你就会惊讶地发现还有那么多你不知道的事，信息不挖掘，有些事实就不会显露出来，比如客户的组织结构。即使是对情况一无所知的人也能勾画出一般公司的组织结构图：高层有首席执行官、总裁、市场销售执行副总、生产副总裁等。有的部门则需要深入了解，比如采购部。如果有人问你这个部门到底谁说了算，销售人就要能说出把握决策权的那个人。

掌握的信息不仅在量，而且在于质。知道客户的一般公开的信息是“量”，知道最终的决策者是谁却是“质”。你对客户有多少了解，能不能拿出计划并让客户接受，都要看你掌握了多少高质量的信息。一句话，不把客户的内部关系来龙去脉搞透，做成订单的几率就非常之小。即使成单了，在下一次的客户采购行动中，也可能会失去机会。

进入客户内部，才能够逐步理清客户内部的复杂性。如果销售人没有去深入了解，可能认为这一单采购就是采购部说了算，但是采购代表要比你知道的多得多。比如客户公司现在资金出了问题，而他们采购什么、采购多少、以什么价位采购其实都是首席财务官说了算。他们的市场销售执行副总不顾采购部意见，直接从另外一家供应商订货，理由是他们的产品虽然价格高一些，但是与自已公司的方案相结合会对新客户有更大的吸引力。

这些信息，如果我们销售人不进入企业去分析了解，就永远也不知道为什么自己跟了那么久，还是没能够跟客户合作。客户内部信息是如此的丰富，我们销售人员如果在浑然不知的情况下就直接到采购部，找到一个采购代表洽谈合作事宜，以为借此就能够获得客户青睐的机会，是不会成功的。

销售人员从一开始就要明白，只有当客户信任你的时候，他们才会想让你知道自己的信息。你了解得越透彻，越能满足客户需求，客户就越信任你。慢慢地，双方的隔阂就会消除，而你就成了客户需要的合作伙伴。你帮助客户成功，你自然也就成功了。

蒋先生是一家汽车配件企业的销售人，蒋先生的客户都是大客户，因为汽车企业没有小企业，而且，在客户当中，好几家都是国企。蒋先生知道，这些大客户的开拓特别不容易，其中有一个企业，他想进去，仅仅为一个准入资格，就用了半年时间。

这家企业是北方一家国资汽车企业，蒋先生先设法找到了企业采购部的一位副总，跟他做了几次会谈，感觉都不错，但是产品还是没有进入客户的采购流程，那位副总也没有一口回绝，这让蒋先生一直也没有死心。后来，在一次车展上，蒋先生见到了这位副总，两人在一起吃饭。这位副总跟蒋先生说，零部件采购的事情你最好不要找我了，你那个零部件是归口的，我这边管不了。蒋先生问为何管不了，那位副总对他说了一些内部的情况。出于前几次接触的信任，那位副总觉得蒋先生还是一个不错的人，所以才愿意告诉他实情，不要在采购部这边做无用功，内部采购的一些规则，只有内部人才知道。

采购部的副总告诉蒋先生，你的报价和合作条件是可以的，但是该部件目前的供应商在本企业内有很大的影响力，是集团的副总退休以后出去创办的企业。蒋先生与这样的企业一同竞争，当然失败的可能性就很大了。不过，那位采购副总倒是又道出了更详细的实情，这些零件，那位集团前副总的企业只能加工一小部分，其余都是代工，然后向他们供货。这样的信息对于蒋先生来说，很有用。

蒋先生没有想出什么样的对策，只是和企业内部的人继续交往，期望能够在他们透露的信息中获得一些有价值的信息。蒋先生认为，销售人员要努力赢得客户的信任。信任是一步步建立起来的，这是一个简单的道理。销售人员与客户的采购部已经有了良好的关系基础。他们认为你能按时、按要求交货，并且做好售后服务工作。虽然这时候可能只能成为一个备选的供应商，不一定能够成交。

后来，在企业内部人员的引荐之下，蒋先生结识了该企业行政部的一位领导，这位领导将蒋先生介绍给了采购老总。这位采购老总认为企业必须建立竞争性的采购体制，任何配件都分散给 2 ~ 3 家供应商，这样的话，可以通过这种竞争来降低成本。

于是蒋先生终于在接触企业一年之后，在企业内部人员的指引下获得了作为供货商的资格。产品质量和价格比其他供应商还有一点优势。蒋先生自己以为这样就成功了，哪知道带有戏剧性的一幕出现了，那位前副总，也就是生产该配件的企业竞争对手，主动约谈了蒋先生和蒋先生的企业老总。出于对供货质量的信任，以及汽车企业内部人的协调，他想在蒋先生企业代工，一个产品，两个品牌，以两个公司的名义供货，这使得蒋先生的工厂获得了批量很大的长期订单，只不过多了一个共赢的竞争对手而已。蒋先生以这种出乎意料的结果拿下了该大客户的订单。

客户公司的组织结构只是表面现象，这一点销售人员需要去了解。但了解组织结构只是个开始，为了了解企业真正的运作方式，销售人在边问边学的过程中，逐步了解到客户内部的权力运作，很快就会有惊人的发现。比如，有的人只是徒有虚名，其实没什么实权；有的人乍看并不起眼，实际上大权在握；有的部门与部门之间有些微妙的联系或是敌意，而销售人没有经过分析，当然不会看出来。

对于大客户的人际关系策略，销售人一定要在客户内部找到自己的“向导”，这样的角色的销售专业词叫“教练”。教练也许不能够给我们带来直接的订单，但是能够指引我们看清楚客户内部的一些关系。而这些内部关系处理就成为了销售人必须要面对的事情，而在正确信息的引导下，销售人就能够通过交友获得信任的方式拿下订单，大客户的人际关系也就是这样八九不离十了。

5. 高效销售，学会站在巨人的肩上

在大客户的销售过程中，销售人如何提高工作效率是一个值得关注的问题。

以前的企业中，只有一个技术中心，而现在的企业中，往往会有两个技术中心，一个是以产品制造为核心的技术中心；另外一个，营销技术的信息化带动了大企业营销的变革，大数据分析等消费者分析系统的建立，使得销售人开始站在大的信息技术系统之上，实现了以前不可能完成的高效服务。

对于大客户营销，销售人已经能够在信息系统的支持下，

实现高效的顾客沟通。这是基于商业环境透明化的新现实，这种新的营销方式使得销售人能够站在巨人的肩膀上，实现高起点销售。

新的营销是什么样子的？其实就是信息化组织之下，一个销售人该如何做事的问题。美军的单兵信息化系统，实际上就是我们销售人在营销过程中的新角色。

在信息化的战场之上，真正的战斗已经不分前方、后方。以前，一个士兵手里只有一支枪，是战斗人员，而在新的战场之上，士兵是真正的指挥官，后方都在为前沿士兵服务。因为士兵在前沿，他们看到了真正的敌人，知道用什么样的资源来打击敌人，后方司令部其实是一个大的支持部门。“一切为了前线”不是口号，而是真正的制度设置。而这样的制度设置，使用在我们的企业之中，就是“大营销”的概念，企业的一切不直接盈利的部门都要做营销部门的支持者。

这就是协同营销的新的方式，这使得销售人在销售过程中拥有随时可以调用的资源，而在信息化之前，企业内部的沟通是有层级的，而现在，在系统内，一个前沿的销售人能够和营销部门的所有人进行协调，寻求实时的帮助。这种响应速度比以往的销售效率高出了很多倍。虽然做大客户还是一样的搞定人，但是效率却高了很多。

协同营销就是一种向上管理，前端的组织变成全能的，后台变成系统的支持力量。信息化工具在很多企业中已经得以实施应用，成为企业营销的神经系统。实现了企业内部营销资源的战略性整合。不会使用信息化工具的销售人实际上被横隔在数字鸿沟的另一边。这会造成巨大的业绩差距。

以前，我们要和所有的客户和准客户进行信息共享，这需要耗费很大的精力，但是现在，企业营销信息化可以定期向全国甚至全世界的客户发布产品信息，建立和客户联动的信息化社区。同样，客户采购的信息化也能够即时到达我们的信息系统。这使得我们能够获得企业透明化的信息需求。

销售人不仅要做好原来的工作，也需要使用信息化系统，在信息传达给客户之后，实现高效的沟通。以前，销售人找客户拜访，可能需要一天或者几天时间，现在，我们可以借助系统工具快速地进行前期的沟通，确定顾客的需求，然后才会致力于关系人和关键人的接洽工作。这种在精确需求基础上的营销行为，可以提高效率。

客户和准客户，不管是在什么地方，有多大的规模，实际上对于外部的供货信息都有兴趣，并且归案管理。现在客户为了防止采购部门的私下交易，往往设立了专业的比价和质量比较的管理人，使得采购信息化，更加专业化。这对于客户来说，采购也是价值链管理能力的一个体现。我们的客户最终也有一个评判他们工作成果的地方，那就市场和消费者。无论怎么说，营销系统的进步对我们销售人来讲，其实也是减轻了工作量，使我们能够调用资源，完成目标，而不是继续单兵作战了。

6. 不断地问自己：我的大客户在哪里

市场从来就不是静态的，市场本身也是在不断地变化之中。趋势代表着成功，其实，分析开来，市场趋势也就是大客户集中的地方。一个企业要想成为一流企业，一定会有一流的合作伙伴团队，有时候，不是公司的项目如何好，而是伙伴带动了企业的发展。

销售人需要不断地为企业寻找高价值客户，那么，这些大客户在哪里呢？我们如何去判断一个客户是否有重点服务的价值？

奉行大客户营销策略，就需要制订计划，在自己的企业内部，建立面向大客户的协调机制，服务大客户应考虑到企业服务能力的完善，所以这是进击市场之前的组织准备。一般企业都会设立大客户部，这些客户的接触和沟通需要整个体系化的支持。一般情况下，可以组成一个有营销总监，甚至以副总裁为首的大客户跨部门小组，对于战略级的客户，执行国际通用的大客户流程管理工具。这样，就能够跟客户去做系统化的对接。

每个企业都有自己的大客户，每个企业都能够知道自己的大客户在哪里。关键是自己的企业有没有能力去对接这种客户，这回到了前文讨论过的问题，我们必须有跟自己企业相匹配的大客户。而我们的大客户就在这里。

销售人和客户之间的合作，从来都是双向的过程，单向的追求可能成功，但是这样要耗费很多的沟通资源。我们在判断大客户的时候，大体上可以自己做一下几方面的判断，这样的话，就能够获得比较好的大客户洽谈成功率。

首先，这个大客户是不是我们有能力服务的。比如修正药业在长春，一个四川的企业想做药盒子，那么合作有没有可能呢？这个药业集团在四川拥有生产基地，而且秉持采购就近的原则，那么直接找四川的生产基地就行了，照样也能够攀上这样的大客户。在企业发展的过程中，逐步开设分厂，和修正的生产基地相配套，这也是可以的。大企业也是一个个分公司和分部组成的，销售人需要控制好大客户开拓过程中的层级。如此，也就能够为大客户服务了。其实企业真的合作起来了，再逐步上升到战略合作层次，那就是大客户营销系统发挥作用的时候了。

其次，客户是否具有比较大的成长性，这需要销售人对其运营状况做出准确的判断。如果所有情况都是正向的，那么这就是我们需要寻找的大客户。

大客户不一定是效益很好的客户，有时候，大企业不代表它市场竞争力就强，对于很多中小企业来说，有些大客户却是压款的陷阱。资金和货款进去，要很长周期才能够付出来，这样大客户还是小心为妙。比如一个公司秉承了大客户战略，在向线下渠道供货的时候，回款周期是 6 个月，但是他们同时也给线上渠道供货，他们的回款周期是 1 个月，这样的账谁都会算，显然，如果公司要大发展，就需要扩大对电子商务渠道的投入，扩大供货规模。

最后，我们必须学会管理大客户的销售体系。我们在做大客户销售的时候，需要将双方合作层次的升级作为一个重要的任务。现有的客户中，可能有几家是企业现实利润的主要来源，那么，对于这样的客户，我们需要保持紧密的沟通，松懈不得。销售人需要不断提升双方的合作层次，让双方的企业领导层能够实现多方面的业务交流和情感交流管道。销售人有必要站在企业整体的角度，维护公司的现实利益。

与大客户的合作意味着服务，不能做丢了西瓜，捡了芝麻的事情。很多企业在做客户开拓的时候，只重于前期的开拓，而没有很好地重视后期客户的维护，这造成了一边不断有新客户进来，又不断有老客户出去的情况。如果这些客户不能在企业运营过程中，沉淀下来，成为长期的合作伙伴，那么这就无法维系企业的长久发展。

判断大客户是谁，这是个简单问题，而在企业的营销实践中，坚持大客户营销，却不仅是一个战术问题。也是一个战略问题。提升服务水准，执行大客户战略，这是企业营销中的重中之重。

第九章

订单的多少取决于你的圈子

人际网络是从点开始的，逐步变成线，再变成一个面，然后面跟面的结合形成一个立体的人际网络。构建出色的人际网络是有规律的，这需要销售人经年不断地努力。有意识构建成以自己为核心的社群，这是杰出销售人的作为，也是未来营销的发展趋势。

EXCELLENT SALESMEN
KNOW HOW TO COMPETE

1. 贵人相助，麻雀也能变凤凰

有人说小成功靠自己奋斗，大成功靠天命。实际上人做事不能靠天，一个人最大的成功密码就在于有一个高端的人脉圈，其实成功不靠天命，而是靠人脉。

销售人职业成功，其实很大程度上都离不开人脉的支持，特别是关键人脉的支持，贵人的支持可能就意味着人生的改变。很多人都认为销售是一个前途无量的职业，其实这个职业是变量最大的职业，因为销售人每天都可能遇到新人，而新人带来的可能就是新的机遇。

一个人在自身发展的过程中，会有人生的拐点，这个拐点多数都是贵人相助的结果，不过人生是分阶段的，比如很年轻的时候，一位人生导师激发了你的奋斗热情，让你走上了奋斗自强的道路，这种具有正能量的人，实际上就是你人生的贵人。

赵忠祥出过一本书叫《岁月随想》，当中有一句话："一个人本事再大，如果没有朋友的帮助，就像一粒没有阳光和水分的种子，永远不会发芽。"这句话，其实具有非常大的人生指导价值，我们看到生活中很多有才华的人，因为周围没有识才之人的提拔，最终没有做出什么成绩。生命中缺少贵人的提携，就很少有向上跃升的机会。

销售人不断地自我奋斗是必不可少的过程，但是想要取得职业生涯的成功，就要不断地得到上司和客户的提携。人生每向上一个台阶，都会有别人的帮助，我们把给予自己帮助的人叫作人脉，在人生的关键节点上给予我们帮助的人称为“贵人”，也是销售人员在职业生涯中需要格外留意并时刻维护的关键人脉。

每个人最艰难的起步都是第一桶金的积累，无论哪个白手起家的创业者，在最初的职业生涯中，都会有自己的贵人。最初，总有人给予我们资金的扶持，或者业务上的帮助。这些都是最重要的，当创办一个系统，系统在没有完成自行运转的时候，往往都是最艰难的时候。后来，无论这个企业做多大，但最初的帮助总是最珍贵的。因为这样的帮助，实现了一个人由麻雀变凤凰的蜕变。可以在你职业生涯的关键时刻发挥作用的人、能够适时给你帮助或指引的人，就是你的贵人。想拥有贵人不需要被动等待，可以主动去寻找、创造、经营，借助贵人的经验与力量，让自己更上一层楼。

一个销售人想要得到贵人相助，首先自己就要修身，贵人相助虽是机缘，但最重要的还是要提升自己的素质，那样，客户才会信任你，欣赏你。人们都喜欢做事主动、有素养的人，而且为人做事很可靠。可靠是一个人立足于社会的前提之一。

在现实社会中，金钱有时候不是万能的，金钱买不来你的优秀素质，只有通过自身努力才能获得别人的尊重和帮助，这个时候贵人才可能来相助。

机遇不会光顾没有准备的人，要想贵人相助，至少得让贵人发现你，认为你值得帮助，是可塑之才，是有用之人，而非朽木一个。自己强才是事业成功的主要原因。

其次，要想得到贵人帮助，自己要拥有良好的人脉关系。一个人在职场中是否能有贵人相助，其实最大的决定因素就是自己的努力。懂得用正确方式去拓展人际关系的人，绝对可以找到贵人。如果你有能力，而且在能力之外还有良好的人际关系、人脉优势，那么结果往往是一分耕耘，数倍的收获。你要懂得借助于人脉的力量去实现梦想与目标，可能对你帮助最大的就是你身边的朋友，这样的朋友就是你的贵人。

另外，对于是否有贵人帮助，你只要负责做好自己，资源就会向你这边集中过来。这是人生的规律，很多人在最初的事业中，树立了自己为人正派诚实的旗帜，那么很多你想要的东西都会来找你，贵人出现是一个自然而然的过程，你可以认为这是命，但是我们却认为这是人生成事的规律。

2. 你所结交的朋友决定着你的命运

不仅是销售人，所有致力于自身发展的人，都应该重视自己的朋友选择。和人建立亲近关系其实不是一件容易的事情，一个人一生中无话不谈的好友可能只有几个人，但是对于那些善于积累人脉的人来说，他这样的朋友可能会超越十个甚至更多。

从道理上来讲，人的职业发展最本质的要求就是抱团发展，你跟什么样的人抱团，代表了你能够有什么样的成就，如何看待人际关系和朋友关系，这是一个人做事业的分野。我们生活中的同学、朋友和战友，以及各种结交的人，其实都需要很好地维系，当然，人际关系是一个双向选择的过程。那些经过岁月沉淀下来的朋友随时都能够给我们提供机会。实际上，一个人的朋友圈就是一个人人生发展的“隐形团队”。

做企业的人都知道，一个企业最重要的核心不是资本和设备，而是企业的核心团队，是几个人抱团发展。彼此信赖的意愿在帮助企业做发展。一个人的机会少一点，但是几个人的圈子，机会就叠加了，团队中的任何一个人的机遇，都是大家的机遇。团队中任何一个人的贵人，都是大家的贵人。这极大地增加了成功的概率。

是走自产自销的个体户式的发展，还是实现兄弟齐心式的抱团发展，这决定了一个人的人生高度。很多人不知道那些创业伙伴是哪里来的，其实他们都是由自己的朋友发展而来的，朋友不仅能够带走我们生活中的寂寞，也能够为我们的事业带来无限的机遇。朋友圈的人随时都可能进行组合，发展成企业合作团队，团队是个神奇的东西，也是能够改变命运的东西。

销售人在职场上，需要不断地结交新的朋友，并且和这个朋友实现有频度的互动，这是维系朋友关系的不二法门。真正的朋友都是时间泡出来的，能够不间断地交换信息，提供机会。销售人的朋友基本都集中在自己的职业领域，这些具有指向性的关系，实际上随时都有合作的可能，随时都能够提供合作信息，而这些信息对于自己开展业务是有帮助的。

在职业朋友圈中修一个好人缘，这是销售人需要做的事情。推而广之，每个层次上的人其实都会有自己对等交流和相互辅助的朋友。一个人朋友圈的跃升也就意味着自己人生的跃升。人一生的朋友圈并不是固定的，交朋友也是一个不断吐故纳新的过程，其实朋友的升级大体也伴随着自己心智进步的过程。

销售人想要在自己的朋友圈中成为“中心”，在一般层面上当然需要懂得投资客户，人情世故是少不了的，善于交际的人往往有千金散去还复来的豪气，钱只有在流动当中才会再次流回来，善于理财的人总是知道这样的道理，投资于人脉朋友往往是最有价值的投资。

人脉的积累是一个长期的过程，建立人脉远远不是过去所谓的“拉关系”那么粗俗简单，它包含很多层面的深化，需要用心经营。寻找人脉，主动出击，找到想认识的人就想尽办法去结识，结识后当成自己的好朋友慷慨对待。人的一生大概可交往两百多位朋友，最核心的可以有五十位。一般人看似朋友不少，但称得上交情的却乏善可陈；像是在应酬场合活跃的人士，看起来人脉丰沛，但最后愿意为他两肋插刀、雪中送炭的都不是这些看来热络却只是点头之交的人，而是你可能忽略、却真正重视和你交情的朋友。

所以，投资于自己的朋友，要分得清谁是真正的朋友，谁是圈子外的朋友，在投资朋友的时候，需要找到那些心智层次高的前途广大的人士。

销售人在销售的过程中，一定会有这样的感觉：和自己同层次的采购人交流没有问题，但是在和对方企业领导层交流的时候，就很吃力了，原因是自己的思维方式和格局还没有达到那个层次，如果我们能够和对方企业领导者具有对等的心智，那么就能够坐下来与其进行必要的沟通。给对方留下好印象，这是对方在用人之际会想起你的缘由。

销售人需要站在整个企业运营的角度去看问题，而不是站在自己的角度去看问题，销售人一定要不断地学习。特别是要学习企业经营的全部知识，专业技术工程师只要对自己的专业专精，但是销售人需要对整个企业的经营精熟，因为这可以为自己进入高一级的朋友圈做观念的准备。观念跟不上的人，只会停留在自己的原来的圈子内，不可能有突破，因为高一级的圈子，会先接纳你的心智，然后才会接纳你整个人，接下来可能才会给机会，而这些机会是可以改变命运的。

当然，在做销售工作的时候，以交朋友角度去看待生意，人脉就会更加牢固。所以，不要永远停留在经营人脉阶段，应该积极地把经营的人脉转化成商场上的资源，这样，订单将滚滚而来。

改变命运从朋友圈开始，甚至有人提出人脉就是钱脉的观点，这就更直白的说明，自己的财神就在自己的交际圈中。销售人在人脉的基础上创造人脉携带资源的合作机会，并找到最佳切入点和通道，并通过一定商业模式，实现彼此资源价值最大化的商业关系。

3. 将有影响力的大人物变成自己的“圈里人”

每个人在自己的成长过程中，都会遇到一个对自己影响力很大的人，他们是我们眼中的大人物，大人物在整个社会的评判标准下，可能不会太高，不是什么皇亲国戚，但是相对于销售人而言，都是在一段时间内能够改变自己命运的人。

销售人需要明白自己的职业人生，人生是一段一段的、一级一级的台阶。我们在每一个阶段，在自己的圈子里，都会有一个我们顶礼膜拜的“大人物”，这样的大人物能够凭借自己的影响力，对我们自己的未来产生巨大的影响，如何与他们拉近关系，让他们注意到自己，关照自己，这需要自己去做努力，让这位大人物站出来支持我们，成为我们的自己人。

在人群中，有方向感的人是天生的领袖，有着很强的影响力。销售人也需要这样，将自己变成一个很有方向感的人。我们如何判断一个人是否有未来呢？也就是这个人有梦想，有比较大的目标。这些圈子中的大人物，比较喜欢那些有理想的人，对于年轻人而言，过早让自己的性格变得乖巧圆融其实也是不好的，过早失去了张力，放在一个群体中就看不见了。

对于那些位高权重的人来说，他们需要门徒，也需要一种面向未来的人脉积累，一个善于结交人脉的人，眼光是向上的，也是向下的。那些有活力有理想的年轻人也是这些大人物结交的目标，在一个大的组织中，大人物也需要自己的支持者，而且这样的支持者需要有能力，能够完成自己对他们的托付。

这些起关键作用的大人物也需要有思想、能做事的人，这个位置上的人实际上已经不会做具体的事情了，那些能够领会他们意图的年轻人成为他们的左膀右臂。人都是生活在圈子当中的，那些大人物因为我们年轻能干愿意干，将我们纳入到他们的后备军中，成为人才库中的一员，同时，我们需要在适当的时候显示出自己的才干，而不是被动地等待大人物的提携。

在交际上，当那些有影响力的人向我们走过来的时候，我们最好的方式就是向他们走过去，这其实就是有意识地推销自己，这样的迎合行为不仅仅适用于我们的销售事业，也适合于任何组织场合。

对于结交比自己位置高很多的人，这当然不符合对等交流的原则，成年人之间的交往，实际是秉持对等的原则，资产一亿的老总不会与资产一百万的老总之间产生更大的交集，也很难成为对等的朋友。比如我们当年的同学，有的做了企业老总，而自己只是一个普通的职业人，如果平时没有连续互动的话，则根本就不会再有交集。因为你没有资源和大人物之间产生强关联。

和大人物产生强关联的方式，其实就是要多创造互动的机会，一个大人物也是多面的，比如大人物喜欢下象棋，那跟他做棋友的机会可能会多一些，有些则可能和他子女关系好一点，这种互动多了，大人物也会接受你。比如很多领导的司机、保姆或者厨师，能够靠着领导给予的机会实现个人发展，这就是不对等交往成功的例子。如果你是一个年轻有为、为人正直有度的人，大人物则更可能会给予你机会。

结交那些能够改变我们命运的大人物，我们就需要考虑能够给这些大人物带来什么。最好的方式是一个服务者，能够服务于这些大人物，在资源不对等的情况下，做服务者才能够获得大人物的厚爱。这是企业底层向上行走的基本路子，一个新的员工需要做好自己的工作，然后要善于表达自己，提高自己被使用的能力，这样在组织中，才有被老总，或者大客户青睐的可能。

无论什么样的英雄，都有从棋子到棋手的漫长过程。

结交那些大人物，就需要放低自己的姿态，想要获得别人的提携，就需要真诚地先帮助这样的人，即使自己才气超然，在表面上也要表现得谦恭。

和大人物交往，要善于说让大人物高兴的话，没有一个人会嫌自己的崇拜者太多，多说多做赞美人、成人之美的话和事，这样在给自己形象加分的同时，也能为自己创造许多隐形的机会。许多人可能在你不知道的情况下已经对你心存感激，并为你日后可能的交往降低情感沟通的成本。其实大人物身边一定不缺崇拜他的人，这种崇拜和被崇拜会形成一个共生链，崇拜者得到了自己想得到的资源，被崇拜者增强了自信心，能够汲取能量，向更高、更强处继续进军，这其实是实现了资源的对等互换。

只有自己形成了独特的被利用的价值，才能在人际交往中如鱼得水，游刃有余。任正非有句话说得好：人若无名，专心练剑。《胡雪岩》中也提到：“自己都是个半吊子，又哪里来的朋友?”这些都是销售场合的现实。大人物都是从小人物一步一步走上高位的，所以，销售人在年轻的时候就积极投资于人脉，在职业生涯中总会有超越自己想象的收获。

4. 投资于人，建立自己的人际数据库

一个善于人际交往的人，对于身边走过的人都会留意三分。如果你有意对一个人感兴趣的话，那么对方也会报以同样的兴趣。

一个善于交际的人，每天都会打出很多的电话，因为很早就有一句针对推销人的话：如果你的电话不响，那你就应该打出去。事实也正是这样，销售人是人际的节点，须时常与朋友联络，不一定非得有特定的事情和目的，有事说事，或是对他和家人的身体、工作及近况表示一下关切、叮嘱，这样的问候会让人很温暖，感觉到你在乎他，心里为他留了位置。

不善于交际的人，会忽略掉身边的一些人，但是善于交际的人，会将这些联系方式留下来，在几天之内就会联络一下，向别人问好。争取获得别人的认可，告诉自己能够做什么，在必要的时候希望别人能够帮助引荐。

有一个知名的“250 定律”：每一个客户身后都有 250 个潜在客户。也就是说，销售人实际上能够把身边的每一个人都变成通往更大圈子的窗口。如果销售人将自己所做的事情推介到位的话，那么，每一个人都可能帮助自己成单。

投资人脉和投资股票是一个道理，销售人在拓展人脉时，

如果你不只是为了满足感情的需要，就要选择那些能够或有可能给你带来收益的潜力股。如果一个人的工作和人际关系关联不紧，那么他可以死宅，可以无视身边走过的人。但是作为销售人，应该有自己的一本人脉数据库，将这种数据库变成自己拓展客户的法宝。

建立自己值得维系的人脉档案，有目标，有意识地培养与他们的关系。

一个人能够记住的人是有限的，如果不借助于人脉数据库，不做记录的话，那么很快就会忘记的。以前，善于做人脉管理的人会有厚厚的笔记本，记录每天和别人的交往细节，在下一次交往的时候，你还能清晰地记得他曾经说过的话，这对于别人来说，会有受重视的感觉，这种主动的亲近行为，很容易获得别人的好感。

善于记录和温习与自己交往中的人际关系，能够不断地发现其中的新价值。我们需要找人解决问题的时候，如果能够展开我们的人脉地图和数据库，就能够找到很多新的人脉节点。在分析这种人脉节点的时候，能够获得更多的发现。

现在，我们可以在网络上去下载属于自己的人脉管理软件，这些软件能够帮我们更加快捷地记住朋友和客户的一切信息，比如朋友母亲的生日，这时候带去一个问候，或者送上一个小礼品，那朋友一定会很开心。有时候，交朋友不是什么大事情，朋友间的情感就是一点点生活细节积累起来的，你真心诚意地关注别人，一定能够获得别人的关注。

5. 利用潜在客户的人际关系拿订单

销售人不仅要学会人际关系中一些技巧，也需要做好自己的人脉管理。人脑在多数情况下，能够条理清楚的时候还是比较少，如果不借助工具的话，我们很可能在遇到某些问题的时候，显得手足无措，这时候，大概就需要对自己的人脉进行系统管理了。

销售人的交际圈要比一般的人大，很多销售人的手机中可能存有几百上千个号码。这些人之间的关联性很大，自己就是这一千个人的交际节点，这些人之间的关系也值得去关注，这是由一个人组成的社交网络，如何让这个网络热起来，并且帮我们找到订单，这要求我们对于隐藏在人际中的资源进行新一轮的挖掘。

如果我们和客户之间的所有功课都已经做过了，还是有客户没有跟我们进行合作，但这并不代表我们之间就没有合作关系了。在前文中提到过，客户不接受我们，会有很多的原因，我们需要给客户足够的时间去理清他们内部的关系，不要逼迫客户去签单，签单需要有水到渠成的意识，这些客户都会变成潜在客户，需要我们继续维护关系。

这些潜在客户会有很多的关系，我们可以让这些潜在客户成为我们做单的中间人，他们身后有很多的行业资源可以拿出来共享。比如，你接触了一个企业的品牌总监，但是你们还没有合作，这个品牌总监经常参加国内的品牌研讨会，在会上他认识很多大企业和名企业的品牌总监，有些关系还不错，这时候，你若是在做品牌塑造和品牌传播的生意，那么你就有机会跟他一起去参加这个研讨会，在会上他将一些人脉介绍给你，这个潜在客户没有给你订单，但是新结识的客户可能因为机缘的关系给了你订单。而这其实就是向潜在客户要订单的流程。

在开拓客户的过程中，销售人不要将希望寄托在少数几个人身上，而是要展开一个宽度足够的网络，保证和客户的多点接触，在时间进度表上标明自己准备找哪个潜在客户帮助自己去推荐新的客户，然后展开跟踪计划。这将形成一个人数众多的人脉圈。

秦女士是一家企业的销售经理，这家企业主要做挖掘机和塔吊设备的维修和租赁服务，是一个中小企业。秦女士手下有几个业务员，一直在跑工地和工程公司，寻找客户。秦女士将潜在客户转化为客户的同时，也保持和这些潜在客户的互动关系。这个行业有些特殊性，所有的潜在客户的社交圈基本都与自己的业务紧密相连，一个建筑工程的外包商很多朋友也是这个角色，所以公司和潜在客户之间也会有些合作。秦女士说，我暂时不能和你直接做生意，那你可以为我介绍生意，中间有利润的话，会给一些信息费和介绍费。这样的运作方式确实也给公司带来了不少新客户，同时，这样的方式也让企业的潜在客户群体变得人数众多。对于企业来说，销售机会也在无形之中增加了。

客户或者潜在客户帮着自己找业务，这个事情针对的用户还是比较精准的。因为他们都知道自己的朋友有这样的需求，这种精准性比直接拜访得到的信息有价值多了。

秦女士认为，对于专业设备租赁商来说，最终的问题还是为客户做到更多的服务，比如客户租赁就离不开快速维修。公司一定会有备用机械，在客户遇到维修问题的时候，能够在最短的时间替换上。潜在客户开发有优点，也有缺点，一条交际链条上有一个人对自己的产品和服务产生抱怨或者做出负面评价后，可能就会影响一连串的生意合作。所以做好自己的事情还是根本，在这个基础上去发展新的客户资源，所有业务员也就有了底气。

做销售的人总是有一个感觉，你拼命追求的客户实际上并没有给你订单，但是在自己的人脉圈中，很多潜在客户突然就会给你单子，而且，总有此起彼伏的感觉。当销售人拥有了一定数量的潜在客户之后，潜在客户在需求的推动之下，会对销售人的业务推介做出响应。

任何一个潜在客户其实都是通向行业资源的一扇窗子，我们需要通过他们打开通往更多客户资源的新窗口，要知道，朋友的朋友对于我们来说，其实是关系的拓展，因为中间有了一位我们共同认识的“关系担保人”。这有利于在较短的时间内建立信任关系，尽早地完成订单。

6. 交换人脉资源让你的收获成倍增长

人脉资源是一个动态的池子，里面不仅仅能够装进去一种产品和一种服务，人脉圈还应该是一个多产品多层面的利益交换场所。我想进入一个企业，我和这个企业没有关系，但是我的朋友的朋友和这家企业有关系。那么为什么不能形成一个人脉之间的交换呢？

交换人脉本来就是一个公平交换的关系，你帮我一个忙，我帮你一个忙，这种相互帮助的交换关系，彼此都觉得公平，双方就能够维系一种持久的互利关系。

销售人在做销售的过程中，会认识很多跟自己的工作关联性不大，但是对于产业上下游的另外一些人来说却是至关重要的关系人。同样，朋友也有这样的一个人脉关系资源，对于他们自己，可能暂时还用不上，但是，如果我们相互介绍的话，就能够各取所需。这何乐而不为呢？

十年前，在北京做建材生意的刘先生就具有前瞻性地组织了一个建材销售人的沙龙，会员都是做建材的业务员。这些业务员，有的做瓷砖，有些做卫浴，有些做防水材料，有些做木材。他们在一起本来没有什么交集，但是在刘先生的倡导下，建立了这样的同业组织，大家定期聚会，招纳新的会员，制定相互交换人脉资源的规则。在大家相互熟悉之后，刘先生建立了一个 QQ 群，鼓励在群中进行交流，公布自己需要争取的客户。如果碰到两家竞争对手型的会员，则沙龙采取回避规则。相互介绍成单以后，可以拿出一点钱来再做一次聚会活动，大家彼此联络感情。

这种小规模的业务员沙龙很好地解决了人脉交换的问题，每一个业务员都扩大了自己的能见范围，业务上可以相互捎带，有些客户会主动跟业务员讲，有没有一家卫浴企业能够推荐，这样的话沙龙中的另一位业务员就可能从中受益。刘先生因为协调这个事情，被大家公认为这个沙龙的“盟主”，自己的生意也就跟着风生水起了。

我们的工作是在商场之上，所有能够带来利益的人脉都必须符合商业原则，那就对朋友、对客户是有利的，这就是市场上的互惠原理，所以朋友带来利益和利益带来朋友本质上都要遵守规则。

资深的销售人知道，在商场之上，任何一个行动都是要花钱，或者用对等的资源去交换的；从感情上来讲，一个人可能会帮你一下，但是从长久来说，能够维持的价值一定是对等的。没有人会无缘无故地帮你，每一个人的能量都是有限的，他不可能在亏损的状态下不断地耗散自己的能量。

往往只有优秀的人才拥有有效的人脉，并且正因为这些人随时随地都可能要回避“不公平交换”的企图，这是优秀的人不跟普通人交往的内在原因。整体上来看，人际关系当然很重要。不过，针对某个个体来说的话，更重要的是他所拥有的资源。一个手上什么牌都没有的人是无法跟别人去交换的。

第十章
卖“信任”胜过卖产品

销售人需要一种诚信的形象，这种形象不是自己说出来的，而是在自己的人脉圈中口口相传形成的，销售人需要建立良好的个人形象。诚信是一个人的招牌，是共事过程中得到的品牌形象。销售人必须知道，在当下的商业环境中，做到诚信只是基础，客户期望的不只是你的诚信，他们还要的是自己的期望。新商业环境下的诚信，寄托着客户的一种托付，销售人需要做一个值得被托付的人。

1. 诚信是打动客户心扉的敲门砖

对于行走商场的人来说，诚信是一面旗帜。从短期来说，讲诚信会在心理上有吃亏的感觉。但从长期来看，一个人是否诚信决定了他的未来，获得了周围人信赖，才能够成就自己的事业。做事业如此，做销售人更是如此。

说教是毫无意义的，讲诚信是一种选择。一个销售人选择诚信做人，这是他的价值观，任何人在选择自己伙伴的时候，都会选择为人诚信的，而且想成为合作圈内的人，都是要讲诚信的。没有诚信的人，很难进入合作圈子。

西方发达国家的人们遵守制度近乎到执着的地步，也许那才是社会信用至上的最高境界。在商业界，商业的契约精神对于经济成长起到了奠基的作用，没有诚信就没有商业，大家你骗我，我骗你，人与人之间信任度非常低，那样交易成本就会非常高。

现代市场经济是信用经济，没有成熟的信用社会就没有成熟的市场经济。企业诚信的价值在内部会让优秀的人才得以聚集，在外部可以得到顾客和合作伙伴的认可，诚信经营的企业都是靠货真价实的产品和服务赢得发展。健康的市场会自然淘汰一些没有竞争力的企业。

真正意义上的市场交换活动，必须以交换者相互之间的人格认可和对交换规则的共同信奉为前提。他们之间是不是讲信用，是否能够信任对方或被对方所信任，是否真诚地遵守交易规则，是市场能不能够存在的基础条件。所以，信用又是市场存在的条件。在具体的交易活动中，做到“言而有信”是一个商人必须具备的最起码的道德品格。因此，诚信问题，归根到底是属于商业道德范畴。既是道德范畴，那就是不能强制的。

诚信问题是一个社会问题，欺骗是双向的，作为销售人也得天天面对这样的欺骗陷阱，而绝不是自己做到了诚信就可以了。我们遇到的客户并不是所有都讲诚信的。比如，我们发货给客户，客户不给我们回款，或者不按照我们事先签订的合同办事的情况下，卖家的风险就要大于买家。

非现金交易的生意，销售人需要观察人，这是一种职业修炼。销售人在监守诚信的同时，还需要睁大眼睛去分辨客户，考察客户的问题，这需要依靠自己专业团队来解决。商场上的理性就在这个地方，真正合作了就需要理性。有些合作看起来是个机会，真正操作起来的时候就会变成一个陷阱。

对人实诚，这是一个优点，但是必须建立在商业理性之上。我们为什么那么信赖和我们共事多年的客户，因为销售人和他们的合作已经经过了时间的证明，相信对方是诚信的。而客户也以一样的态度对待我们。任何想做事的人都希望将自己的事情做好，而心术不正者在一开始就抱着欺诈一笔的态度。所以，我们都想在一开始就将这样的客户排除掉。

诚信是用行动证明的，销售过程中，本身就包含着对客户的承诺，你的产品能够解决客户的什么问题，如果解决不了客户的问题，就会导致销售人的信用“破产”。

信用是一种选择，也是一种能力。销售人的诚信不是仅仅为人的诚信，更是一个完整的信用链，诚信建立在信用链之上。销售人不仅要做好自己的人，也要做好自己的事，售后还要做好服务。任何一个环节出问题，我们和客户的合作关系就可能终止。

不讲诚信，相互欺诈其实是一种集体的自残行为，西方有一句谚语：我以为我骗了所有人，后来我才知道，我被所有人骗了。企业老老实实地扎根于自己的服务能力和产品能力，使得企业具有一定的市场竞争能力。这样在销售过程中，销售人也就能够做到言行合一了。诚信有时候就是一种实力。

2. “一诺千金”，承诺客户的要立即去做

销售人在销售过程中，必定有一个给予客户承诺的过程，这个过程大体上就是对于客户需求给予满足的承诺。很多企业现在都提出超越客户需求的提法，但事实上，我们对于给客户的承诺一定要小心谨慎，否则在满足不了的情况下，客户会对我们的产品和服务产生失望情绪。

销售人如何向客户作承诺，还真是一门学问。很多销售人为了客户能够快速成交，自己能够尽早拿到销售佣金，就给了客户过度承诺。结果客户在消费了产品之后，发觉不能满足自己的需求，他们很可能会把这种抱怨上传到网络上，这对于企

业的未来运营可能会产生不好的影响。

对于任何人来说，诚信意味着讲原则，总有一些需要坚持的东西。其实不对客户做过度的承诺也是诚信的一部分。对于客户的需求，比如一台生产设备，销售人往往会夸赞产品的生产能力，客户在使用的过程中，如果能够达到这个能力，那不会说什么；如果达不到，客户就会反感，甚至以扣除余款作为惩罚。这样维系客户的方式会让客户对销售人失去信任，也会对企业产生负面印象。

那么，如何才能够面对客户，作出恰到好处的承诺呢？有经验的销售人提出如下的原则：少承诺，多兑现，坚持说到做到。客户会向我们询问产品和服务的情况，我们需要给予客户适度的承诺，在具体的沟通过程中，如果客户提出的要求是合理的，同时确保自己可以通过努力满足客户的要求，而且这些承诺有利于促进交易的实现，那么就可以做出承诺。在面对客户的要求时应该有选择、有技巧地进行承诺，销售人需要尽量满足客户的需求和期望。

既然做承诺，就需要表现出真诚的态度和坚定的语气，不要支支吾吾，更不要唯唯诺诺。一旦在承诺过程中的表现不够坚定、真诚和信心十足的话，客户就会对承诺的内容产生怀疑，进而对此次沟通产生不满。特别是那些现场的销售活动，承诺一定要干脆。在商场里，女人如果问，这件衣服我穿上好看吗？这一定需要肯定的回答。比如“真的很合适你”“你穿上很漂亮”。这种抽象的承诺怎么说都没有事。

对于要求有数理参数作支撑的承诺，就不能乱说了。如果已经确定客户的某些需求无法给予满足，就千万不要轻易承诺。这时，可以采用其他辅助手段淡化客户这方面的需求，或者真诚地向客户表明你的难处。例如：“我的爱人腿部这个毛病，吃这个药一个月能好吗?”作为医生和药店的销售员，你不能做完全肯定的回答，因为这样的承诺虽然能够让病人宽心，但是如果到了时间没有见效，这就丧失了信誉。

如果客户坚持要你做出承诺，并且白纸黑字写在合同里，如果无法满足客户条件的话，那么宁可失去这次订单，也不要失去最基本的信誉。失去一次订单也许有些可惜，但是如果失去了最基本的信誉，那以后就可能再也没有挽回客户信任的机会了。

做销售最好是实事求是，那些虚拟价值的承诺，比如这件商品能让客户得到了很好的体验，这样的承诺是没有关系的。但对于以后要兑现的承诺，销售人需要谨慎，客户提出要求，如果一口回绝，那很可能使客户感到不满；如果不假思索地应承下客户的要求，又不能确保最终能否兑现，一旦不能兑现，那么造成的后果就会更严重。

如果客户坚持某项要求，而且通过一定的努力有可能实现的话，可以对其进行比较委婉的承诺，但是要同时告知客户可能会出现的其他情况。例如：“我们会尽可能地按照您的要求在 12 点以前把货送到，不过万一送不到的话，我会及时打电话通知您……”这样的承诺能够给自己留下一点余地，别将事情说得太死，要保持一定的灵活性。这样事先打过招呼的事情，即使最后没有办到，客户也会理解。

销售人对客户原则是少许诺，多兑现。如果你已经向客户许诺，那就一定要尽全力去实现，否则就会失去客户对你的信任。在接触客户的过程中，如果客户不提，可以不许诺的话，要尽可能减少对客户的承诺，即使是那些你很容易做到的事情。这是因为，当你热情主动地为客户做了那些当初没有许诺的事情时，客户会感觉你做的事情超出他们的期待，这会使他们感到非常满意。而这种超出期待的满意情绪对你和客户今后的友好联系具有举足轻重的意义。

3. 一千个推荐理由不如一个第三方证明

我们和客户的关系，有两条路可以走，一是感性的模式，跟客户个人拉好关系，二是靠数据说话，能够量化自己的产品和服务。当然两者结合是最好的方式，因为已经被证明的东西对于客户来说是很重要的，这使得客户在评判我们的产品和服务的时候简单快捷，直接就能够下结论。

客户不会无缘无故地接纳销售人，除非你能够拿出权威的证据。这些证据需要销售人在平时就准备好，当在面对客户的时候，能够一件一件地摆事实讲道理，一个个解决客户的疑问。当然在对话的过程中，也不要将自己所有的证据一下子都摆出来，而是客户担心什么问题的时候，我们适时能够拿出东西来，消除客户的担心。

这些都是销售人的基础工作，必须自己事先做好，自己公司有那么多的客户，销售人需整理数据，将企业的案例搞清楚，然后形成有条理的说服系统，不要就用一张嘴凭空讲。现在做销售不仅需要嘴，也需要提前做好证明，列出我们产品优越的证据。

面对客户的疑虑，我们必须拿出足够的资料来打消客户的疑虑。销售人最好不要空口说白话，或者做空口承诺。客户不会凭销售人一顿激情演说就马上付钱的。客户真正需要的是成功的例证。

某国际知名快餐连锁在国内寻找加盟商，客户需要加盟的时候，负责加盟的该市场部人员会给潜在客户一份详尽的客户运营报告，数据明明白白地告诉客户，加盟该企业，93% 的客户都是盈利的，客户平均回收成本的时间为 4、5 年，在收回成本以后，客户就可以获得一份毕生的事业，企业的管理服务公司会在今后几十年甚至更长的时间里一直为客户的经营细节保驾护航。

报告还重点分析了 7% 的客户不能盈利的原因，比如因为选址后遇到拆迁因素，或者是不能按照管理服务公司的要求，损害企业的统一的品牌形象，因而被企业终止了加盟资格。

客户运营报告列举了详细的员工培训计划，对于加盟商的退出机制也进行了详细的说明。而且该市场部人员告诉你，数据是可信的，是企业委托第三方专业审计和调查公司做出的。所有的门店客户都可以去看，加盟商可以自己去商铺感受生意现场。

如果我们做销售的人在销售过程中也有这样的一份数据，那么整个销售过程也就变得简单了。如何在最短的时间内给客户一个证明，用案例和数据让客户信服，这是销售人要做的工作。

唐先生是一位从事农资和农机具销售的资深销售人，也是公司的销售培训师，所在的企业是四川最大的农资分销企业之一。

唐先生的销售秘诀是：自己在跑市场之前，先做一套产品详细的使用计划。在“让客户相信”中提到过做事要“言之有物”，他把要销售的东西说得很具体，任何东西具体了就更容易获得别人的信任。所以，关于农资产品的使用计划，越具体越详细越好。他每次拜访完客户，一定要给客户留一个纸质说明，让客户没事的时候琢磨琢磨，研究研究。

唐先生说，农民是比较实际的，你口头表达根本就起不了作用，只有第三方当场能够证明，他才会买你的账。一般到一个市场，如果你想深入做的时候，最好先找一个作物集中的地方，找几户农户先使用，然后回过头来再找客户，这个过程不仅能熟悉了当地的种植情况，也很有可能就了解了一些客户的情况。最主要的是，示范和观摩做上了，客户会更容易相信你的产品。

有了一个证明还不够，唐先生还会拍下很多其他地区用户的照片，有时候还带着投影设备展示给这些农户看。一定要多收集关于产品的成功案例，如果可能，尽量是距离客户比较近的，越近越有说服力。你说他家二姨用了效果很好，那他还会有什么疑惑吗？你说一百句好，不如客户认识的人说半句好，所以，必要的时候可以借助第三方来说明产品市场情况。

客户相信你了，自然也相信产品，那么接下来就是怎么让客户主推你产品的环节了，只有主推你的产品才能给你产生效益。唐先生说，做农资的就是做渠道，你将产品推荐给了农户，他们到了第二年还会认你，好用的话，还帮你推广。所以经常做个回访，这些新的用户又是向别人证明自己产品好的案例。就这样形成一个环环相扣的证据链条。

针对不同的用户，说服客户的方式就会不一样。对于流程复杂，投资大的项目销售，如果条件允许，销售人就需要向客户提供样本之外的客户研究报告，成功的案例可以增强客户对自己企业的信任。企业能够帮很多客户实现盈利，自己购买也就能盈利，这是一个很简单并且顺位的逻辑思考。

将客户的案例做一个详细的剖析，在使用前客户是什么样，在使用后客户是什么样，在使用后多长时间客户获得了多少收益。提供的资料越是详尽，越能显示企业在客户管理和客户服务方面的成就。

既然在前面已经有50家成了，客户自己作为第51家用户也不是个例外。至少，成功的概率会大大增加。客户也会算这个经济账，帮助客户把这些问题量化了，客户就会自己做出决定，并且会觉得你是站在他们立场上思考的，于是在内心里也就愿意接纳你了。

4. 透明度就是信任度，让客户充分了解公司

对客户完全敞开自己的大门，这也是获得消费者认可的一种推介的策略。

很多时候，出于商业秘密被窃取的担忧，也因为外在的表达和企业内在做事的方式不一致，很多企业不敢将自己所有的作业流程公开在消费者面前，怕这样会影响到企业的形象。其

实，任何一个企业发展起来，绝不是简单的要素形成的，而是许许多多的因素造成的，任何企业都是不可模仿的。经过发展，企业外界的环境已经不同了。

现在电子商务渠道省去了很多的中间商，这些电商在销售的时候，所有的销售数据都是在平台上公开的，一件货品，卖了多少，客户在购买后有什么样的评价，都直接、清楚地展现给消费者。这些数据向客户和消费者开放，也没有带来什么不好的后果，相反，那些拥有好口碑的产品继续在网络上大卖。这样的销售也告诉我们一个道理，其实与客户共享信息不但不会使企业受损，而且在与客户互动的过程中获得了更多的信任。

现在很多食品企业饱受市场争议，客户觉得他们在食品安全领域没有很好地负起责任。于是，国内有不少的食品企业干脆在自己的生产线边上建立一条玻璃通道，邀请顾客去自己的企业参观。这在一些城市已经形成了工业旅游的项目。人们好奇方便面是怎么生产出来的。牛奶是怎么生产出来的。客户在参观的时候能够直接体验到食品的制造流程。这对于建立客户对企业的信心是非常有好处。

其实现在企业做事的方式很简单，但是操作起来就不简单了，如果客户能够感受到企业内部的运作，感受到企业的制造质量和服务质量，也就会对企业有信心。事实上也只有很强大的企业才敢于将自己最真实的一面展示在客户和消费者面前。

刘强东在很多年前就对媒体宣布要自己建设物流系统，合作的客户可以在京东的仓库中感受京东管理系统的强大。刘强东说：“京东商城物流系统一天不建成一天不上市”。这句话验证了刘强东做好物流的决心。于是投资 50 ~ 60 亿人民币进行物流体系建设，同时开工建设 7 个一级物流中心，未来还将花 100 亿元用于物流建设。

但是企业搞物流并不是想搞就能搞的，物流行业的管理非常繁杂。京东商城为搞自己的物流系统，已经埋头苦干了很多年，一个仓库中的选货人员一天能够选出 5000 件以上的货品并且准确无误地发送出去，其中的管理系统可谓强大，强大的物流团队是经过多年的历练才做到的，别的企业想靠更大的投入来追赶，其实没有那么容易。

京东商城敢于对媒体公开自己的商业计划，这就是在清水里面搞发展。全社会都能看到京东这个企业是如何发展起来的，成为了中国最快、最完善的电子商务系统。客户在分享了京东商城的运作流程之后，实际上能够对企业产生好感和信任。

对于京东商城来说，企业和顾客之间就是一个物流的距离，所以京东就将自己所有的运作流程和商业计划拿出来与顾客分享，为他们描绘电子商务带来的便捷生活。和顾客共同构建电子商务的体验，已经成为京东整合营销传播的一部分。顾客了解京东的信息越多，他们也就更倾向于在京东商城购物。

对于那些有梦想的企业来说，敢于拿自己的梦想出来跟顾客群体去共享，也是一种营销策略。新的营销体系已经和传统的营销体系不同了，有梦就要说出来，在这个快节奏的时代里，即使向全社会和盘托出自己未来的商业计划，也没有人能够跟随，这就是作为企业的自信，这样的运营方式其实是符合市场趋势的。

京东的下一个战略行业，很可能是绿色农产品行业，这是个足够大的产业。刘强东曾经在江苏宿迁种植了几千亩的试验田，可以认为是在为未来布局所做的一个实验。有机大米只是一个噱头，京东商城真正进军绿色农产品比电商领域需要更久的时间，需要在物流系统的布局更加完善以后。绿色农产品的配送，需要更加快捷的响应顾客的需求。

一旦刘强东能够将这样的大行业收入囊中，我们就会看到一个巨无霸电商浮出水面，并且和更多的老百姓的生活休戚相关。绿色农产品行业可以产生千亿的产值，可以真正做到农田到餐桌的垂直整合。这种整合中间加上品牌企业的担保因素之后，完全可以形成以电商为主的安全食品交付通道。凡是适合电商渠道运营的农产品，一旦经过京东商城这样大型电商平台整合之后，就会显示出新的价值。甚至绿色果蔬还长在农田里，顾客就可以下单订购了。农产品按需定做等等模式很可能就会创造出来，顾客可以查询整个生产流程和产品的交付流程。在订购中得到很好的产品体验。

绿色农产品渠道和大众生活联系紧密，顾客不断购买所形成的商业价值是不可估量的，因为食品是大众购买次数最频繁的产品之一，在销售绿色农产品的时候就可以带动百货行业的销售，而顾客黏性是检验京东商城商业战略是否成功的最主要的指标。国内食品安全问题是比较突出的，一旦京东商城做成中国国内最大的一张绿色农产品的电商通道，其价值无论如何评价都是可以的。京东商城背靠中国这样的一个统一的大市场，其发展前景无可限量。

京东商城的优势是一开始就从最难搞的物流入手，一旦完成物流布局之后，就会为企业扩张积累巨大的势能。从山顶朝下冲锋和从山谷向上爬行的速度是不一样的。

刘强东公开了自己在未来的战略构想，但这并没有带来什么样的竞争者，倒是京东的顾客喜欢上了这个梦想者，觉得他是一个极具开拓精神的人，也是京东头号推销员。

当然，刘强东每进入一个行业，他都会遇到强劲的敌人，按照京东商城的成长趋势，他们必定会在更多的行业燃起烽火。在未来的道路上，很可能会遇到中粮集团这样庞大和政治资源雄厚的企业。只要有大的资本按市场的规则进入农产品渠道，总归是一件好事情，因为这有利于农业的现代化。

刘强东不怕任何竞争对手，他要讨好的人只有顾客。因为这样的企业本来就是一个完全敞开自己的透明化运营的企业，企业的发展依赖于人们购买习惯的变化，也善于引导大都市的年轻人实现这种变化，现在年轻消费群体的购买行为代表了未来，拥有年轻消费群体的企业就会拥有未来。

5. 积极回应抱怨，赢得客户的宽容与信任

要想跟客户走到一起并且合作长久，最主要的不是合作没有问题，而是出了问题如何去解决。是用良好的应对合作危机的机制去解决，还是扩大裂痕任由客户抱怨，这方面的处理能力就界定了企业营销的境界。

客户对销售人和销售人的企业产生抱怨，这是很正常的事情。两个企业体系合作一定会有一个协同的问题，在合作过程

中不可能完美无缺，或许是客户那边的问题，或许是我们服务品质的问题，总之，合作需要以和为贵，不能破坏双方合作的气氛。

如果是销售人和服务品质的问题，那么首先就应该对于无法实现的承诺进行道歉和补救。对那些已经向客户做出承诺、最终却无法兑现的事情，一旦发现，就要在第一时间向客户表示歉意，同时要诚恳地说明承诺无法实现的具体原因，如果有可能的话，还要主动提出具体的补救措施。

维护客户关系需要真诚，销售人在向客户表达歉意时，一定要注意态度的诚恳，不诚恳的道歉态度更会激起客户的不满。同时，提出的补救措施必须要委婉地向客户表示询问，必须在客户表示明确同意的前提下再予以实施，千万不可自作主张。

对于我们服务的领域出现的问题，我们有责任帮助客户找到更好的解决方案。当然还需要注意一点，那就是必须要优于原先承诺的条件，否则仍会引起客户不满。同时，还要掌握一定的度，不要为了客户的一时高兴而不顾成本核算，最终造成“有交易、无效益”的结果。

销售人在维护客户利益的时候需要考虑到企业付出的经济成本，如果补救措施的成本太高，则需要双方更高级别的人士商讨解决方案，一线销售人没有决定方案的权利。

那么如何才能够解决客户的抱怨呢？

资深销售人建议先倾听客户的意见，倾听客户的投诉，并设身处地地考虑他们的感受，让他们知道你在倾听并体会他们的心情，表明你理解他们的不满，可以对他们说“我理解您现在的感受”。通常顾客在抱怨时都不希望被看作是无理取闹的人，让他们知道你是认同他们的，而实际上他们说这些却是在帮助你。

承认自己的工作欠缺是必要的程序，如果是小问题，能够解决就当场去解决，如果是个大问题，就需要先道歉，然后在平和的基础上找到可以补救的方案。一旦了解了问题所在，并找到了解决方法，就要马上与客户联系，知会他们。比如对客户说：“我已经找到一个解决办法，明天下午之前一切事情都会按照您所要求的那样处理好。”与客户保持联系直到问题圆满解决。

客户接纳了我们的解决方案，我们将事情处理好之后，就需要修补之前合作不愉快所留下的裂痕，危机过后，给客户发一份邮件或者短信，感谢他们提醒我们存在这样的问题，并给我们机会来确保同样的问题不会再次出现。感谢他们继续与我们保持生意上的往来。也许这样，也就不会影响到以后的合作了。

6. 打造专家形象，只有专业才能赢得信赖

客户面对的任何一个专业问题，销售人都需要尽力按照专家的标准去解答，如果不知道问题怎么解答，可以询问自己身边的专业人士，帮助客户寻找答案。销售人本身不一定能够做到资深的专家级别，但是需要知道资源在哪里，做一个能够帮助客户对接能够解决问题的人，因为，在我们自己的领域里，

我们是帮助客户解决问题的人，所以责无旁贷。

保持一个专业形象是比较好的，在专业基础上跟客户交朋友，客户更能够接受自己。销售人将每一次与客户进行洽谈中客户所关心的问题罗列出来，提交相应的书面报告。而不仅仅是口头许诺一下就行了。与客户接洽，在私人场合可以显示自己的个性和亲和力，但是在正规的商业洽谈中一定要显示自己的专业形象。

销售人员做的客户案例的报告是多次使用的，只要花一次工夫整理好，统计好，以后面对所有的客户都是可以用得上的。销售人员在不断的客户开拓过程中填充自己的案例库，不断地将客户的问题解决方案实例化。推进客户开拓和客户服务的标准化，而推进营销工作的科学化正是新一代营销人需要努力的事情。

这种具有系统化的工作方式，会显得很有条理，有时候，客户就是通过我们的工作方式来判断我们的专业度的。我们做事有章法、有条理，阐述一个事情的时候有实践、也有理论，这能够给顾客留下我们做事很专业的印象。这种系统化的工作方法就是让自己在与顾客沟通的过程中，能够量化的东西就尽量量化，少用“可能”“大概”这样的字眼，因为客户需要在数据基础上的实证，说服或者专业交流，这些都需要建立在数理分析的基础上。

正如世界级推销培训大师汤姆·霍普金斯所说：“你要向客户证明，无论大事小事他都可以100%地信赖你，久而久之，一旦你养成信守承诺的美德，以及做的比说的多得多，你就一定能同时得到客户的信赖和订单。”这种信赖就是在你的领域里，你需要成为一个解决方案的提出者，并且能够帮助客户实施方案，在实施的过程中能够提出自己的指导意见。

专家式的营销模式会成为未来的趋势，每个企业和每个人都会有自己的问题需要解决，而能够解决这些问题的人，其实都需要专业素养。比如心理咨询这样的职业，虽然不是销售人，但是在推介自己业务的时候就是一个销售人。

为什么未来专家式营销会成为商业销售的主导模式呢？现在发达国家大约70%的产值来自于服务业，特别是高端服务业。国内的发展路径基本也相同。销售人员在做业务的过程中，必须努力学习，将自己变成给客户提供专业解决方案的专家。

客户不知道自己的需求和解决方案，客户只是描述了问题，但是解决方案需要由销售人提出，这跟医生给病人看病的原理非常相似。虽然我们说医患关系不是商品买卖的关系，但是整个过程非常符合专家式销售的本质。首先，医生必须听取患者的描述，了解病痛在什么地方，有什么样的感觉，然后医生就会使用专业医疗器械对客户病灶处进行检查，发现问题，最后拿出治疗方案。病人在配合医生的过程中也知道了自己身体的问题是什么原因造成的。病人需要解决问题，就需要医生为自己拿出治疗方案，医生就会根据检查结果给病人取药或者选择适宜病人个体的医疗方案。

如果我们将这样的关系看成是一种商业服务的话，那么医生的服务咨询和提出方案就是在创造价值。整个过程中，患者从自己不知问题原因到接受医疗方案的过程，包含了专家式营销的所有要素。专家式营销不仅在项目营销之中大显身手，在销售人现场跟客户交流的过程中也是非常有用的。

医生之所以能够在检查出患者的病症之后，立即进行处方或者选择医疗方案，这是因为医生已经经历了大量的临床案例，在检查完患者之后，医生已经在自己的经验库中对患者的情况进行了案例分析，将患者归类到了某一类病症的目录之下，因为每个个体都是不一样的，医生会根据患者的身体情况进行下一次的细分，直到精准地找到适合患者的最佳方案。

销售人解决同类问题多了，也就有了自己解决问题的方式。同样的问题在 A 企业出现过，在解决 B 企业问题的时候，也就有了现成的解决方案。客户对于要解决的问题缺少信息，或者缺少实践，这时候，就需要销售人引领客户去解决问题。在这个问题上，能够让客户产生专业上的信赖感，比一味地关系营销牢靠。

现在企业也强调知识管理。其实知识管理有两个维度，一个是用知识促进企业自身的发展，一个是运用知识促进客户的发展，两者是一脉相承的。国内销售方式则变成一些沟通的技巧，追求搞定人的术，问题的本质依然不在于如何听取问题，而在于能不能将客户的困难和抱怨解决掉，前例已经用医生和患者的关系加以说明，真正的关键在于医生是一个专家还是一个庸医。在专家式营销中，销售人员的专业度是个硬指标，做一个具有专家形象的销售人需要付出巨大的努力，不仅要学习，还需要实践。

第十一章

提高客户售后满意度，单子才能源源不断

销售人对客户售后的重视就是一种诚信，售后是一次生意的结束，又是另一次生意的开始，真诚对待老客户，这是保持业务连续性的基础。售前和售后需要一样的服务态度，一样的温度，这是积累人脉的过程。客户满意不一定就是对于做事的满意，销售人知道，做事总有瑕疵，但是服务却能够维持客户的忠诚。

1. 完善的售后服务是留住客户的法宝

销售人需要站在企业全局上看营销，要看到新的营销方式和以往营销方式的不同。新的营销思维不是把签合同交货作为销售活动的终点，而是将售后作为新一轮营销的起点，具有战略营销思维的企业会设法将自己的老顾客放在一个网络社区内，能够继续和他们互动，在互动的过程中带入更多的顾客。原来的顾客经济逐步变成了现在的粉丝经济。

企业营销部门需要建立好的制度，防止客户的流失，在服务客户的过程中，更加看重机会，而不是服务成本。当然，服务成本必须考虑，在企业能够保持运营的情况下，应该将资源向服务倾斜，建立一个新的顾客社区。完善的售后依赖于企业对于做事的执着，更是一种诚信。

诚信营销已成为今后营销发展的大趋势，是企业的生存之本。当然，诚信不只是表现在口头上，更要贯彻在行动中。兑现承诺，为客户提供真诚的服务，已成为吸引客户、保持客户忠诚度很重要的一个方面。

某外资空调企业，其空调电机由江苏一家民营企业提供，该电机的采购量占到该企业同型号电机的三分之一以上。企业很注意自己产品的质量，在一次内部耐久性测试中，发现该空调电机所带的电容器有质量隐患，和电机寿命不同步，可能在电机极限寿命之前损坏。该民营企业很快决定更换所有同类的电容器，其更换费用全部由该企业承担，决策干脆，没有讨价还价，没有托词和借口。这就是服务精神的一种体现。客户关系是要有担当的，如果这个企业推诿的话，很可能就会伤及以后的客户合作。

结果这家外资空调企业在感动之余，也主动承担了换电容的一些工作，而且因为这样的解决方法，双方没有留下不愉快，相反，因为这家企业在客户遇到困难的时候，有担当的意识，客户对于这家电机企业更加信任了。到今天为止，该企业仍然和这家外企保持着良好的合作关系，而且这种关系给企业带来了海外其他的空调电机订单。

在出现不合格产品时，企业需要用行动来证明自己是值得信赖的，一次行动远超过百次承诺。其实这种“先赔后赚”的服务策略使用在大客户服务上应该是非常明智的，因为客户是利润种子，也是企业的金饭碗。服务好自己的客户，也就保证了未来的发展。

企业要想发展完善的服务，就要建立一个完整的客户服务系统，这个系统的成本能够控制。企业需要不断地评估自己的服务系统和企业利润之间的关联。销售人需要能够熟练使用这些系统，一个良好的服务系统不但不会让企业多花钱，还能够让企业获得更多的效益，因为这能够维持很好的客户满意度，能够促进顾客的购买行为。

完善的售后服务改变了销售人必须和客户待在一起的“一

对一”销售方式，这种对于众多客户的系统管理，能够进行“一对多”的客户服务，使售后能够创造更多的客户体验。销售人在和客户接触和服务的过程中，也需要创造更多的体验。

针对客户服务体系，既要有大的框架设计，也需要有比较好的细节，能够感动顾客的细节才是有效的，而程序化、机械化的服务设计其实并不能让客户产生亲近感。

向服务型企业全面转型是很多制造业企业的未来发展方向。营销不是一概而论的东西，销售方式就如万花筒一样，工程项目的推销人和酒店的销售经理，做事方式有很大的不同，一个寿险推销员和网店掌柜都是在做销售，虽然产品不同，但是本质上都是服务。

销售人的工作需要转型，企业必须从价格竞争转向非价格竞争，从产品竞争转向服务品牌的竞争。只有优良的服务品牌才能获得消费者的认同，企业才能立于不败之地。同时，还要从统一模式的服务转向“一对一”的个性化服务，靠个性化服务赢得消费者，将其作为留住客户的法宝。这种统一并且个性化的服务理念，必将成为一种趋势，销售人不仅要向客户销售定制化的产品，也要提供定制化的服务，未来不可抗拒，销售人只有顺应趋势。

2. 经常与客户保持多渠道联系

售后服务标准体系要建立在客户喜欢的基础上，企业闭门造车设计的服务系统脱离实际，多数都是无效的。作为在营销前线奋战的销售人，要将客户真正的需求反馈给自己的企业，让企业高层在制定企业客户服务机制的时候能够精准地把握客户的需求。

其实，很多企业销售人只是一个向外销售的角色，他们没有把自己看到的市场情况向企业高层反馈。很多企业都已经信息化，企业管理层只能在信息系统中找到客户的看法，但没有销售人的详实反馈来得更有价值。因为销售人看到的情况代表了市场的声音，领导层在处理这种客户售后的信息时，很可能会发现新的市场。

企业需要和客户保持持续的沟通，当然沟通的频度是客户能够接受的。而且沟通渠道需要多样性，比如手机具有迅捷地找到客户的功能，但是手机也属于私人化的通讯工具，除非是比较亲近的客户朋友，或者确实业务需要，否则一般不要打手机。

现在个人的通讯工具是立体的，办公室电话、QQ、微博、微信、邮箱都是通讯工具，销售人和客户沟通，就是要保持一个立体的沟通体系，对于大客户而言，需要保持一定频度的沟通，不然时间长了就生疏了。

维系客户感情也是客户服务的一部分。感情是维系客户关系的重要方式，日常的拜访、节日的真诚问候、婚庆喜事、过生日时的一句真诚祝福、一束鲜花，都会使客户深为感动。

和客户进行经常的电话沟通有着很多的效用，销售人对于自己的客户，要经常跟他们聊一聊。有时候，人与人之间只有聊开了、聊深了才能够加深友情。同时要能够让客户觉得他是你在这个世界上很重要的人，给他足够的尊重感，客户会给予你相应的回报。

中国人算是比较会维系关系的，只不过这样维系的方式需要系统化一点，学会和客户保持关系这是全世界销售人都要学习的课程。在全世界任何一个地方，维护关键客户的努力都是一样的。

罗恩·卡逊是一个金融顾问，他曾经写过一本书，专门谈及如何维系客户，他说，我的服务方式能够把客户服务变成一个金矿。那些和他合作的客户，永远不会流失掉。罗恩·卡逊的秘诀就是：为客户提供服务，使客户感受到自己是这个世界上很重要的人。

在书中，卡逊介绍了他如何跟这些老客户保持互动的。卡逊仅有350位客户，这些是他仔细挑选出来的富裕人士，卡逊的接待员负责用美酒佳肴招待客户。他带客户出海巡游，安排客户和阿诺·帕玛打高尔夫球，还组织内布拉斯加州车尾野餐会。他把职员的奖金与客户的满意度挂钩。最重要的是，他与客户保持联系，经常给客户打电话，不谈正事，只是随意地聊天。客户和卡逊在一起往往会玩得很开心，而他们在开心之余，都很欣赏卡逊个人和专业风格。

罗恩·卡逊创造了一种无可匹敌的客户体验，友谊转化成巨大的成功。卡逊的聪明之处在于他的独特方法：他不为客户提供服务，而是通过礼物或“很随意的友善表现”给客户带去惊喜，这些都是客户平时在工作中没有想到或没有做到的事情。

卡逊认为，维系客户关系需要真正的投入和创意，需要和客户在一起共同创造与众不同的体验，这种体验会让你和客户关系变得很铁。

以前，我们总是讲“要跟市场要效益”，这是抽象的说法，虽然是对的，但是不具备操作性。现在的销售开始提倡开拓新客户，但是要维系好现有的客户，靠服务开辟效益来源，推动企业发展，服务作为一个产品或行业，具有盈利性，能够为企业开辟新的经济增长点，如通用电气从传统的制造业拓展为制造与服务并举的企业。服务收入和赢利所占比例越来越大，成为了在制造业整体利益下滑局势中继续发展壮大的重要支撑。所以企业营销机构的设计中，服务可以成为重要的盈利环节。

销售人应保持和已有客户的经常性联络，交易的结束并不意味着客户关系的结束，在售后还须与客户保持联系，以确保他们的满足持续下去，维系客户关系也是其工作的职责。服务质量是影响业务拓展的主要因素之一，服务会建立企业与客户之间的沟通渠道，有利于提升客户满意度，同时企业也获取了有用的市场信息，有利于业务竞争。维系客户关系已经成为企业发展的法宝之一。

3. 妥善处理与客户的摩擦

对于企业而言，消费者的抱怨如果不能及时处理的话，对企业往往也会造成伤害。企业的品牌管理部门几乎天天要警惕消费者的行为对企业造成的影响。对于销售额很大的企业而言，产品送达到成千上万的顾客手中，很可能会有麻烦发生。而应对这样的麻烦都马虎不得，这使得企业的公关部门成了企业最紧张的部门之一。每一个从终端发来的问题如果处理不当，都会造成不利的影响。

消费者也不全是善意的，有的人一旦发现了产品的缺陷，就会要挟企业。这样的事例销售人几乎都会遇到，碰到这样的问题一定要妥善处理。现在这些人都会利用媒体，如果不妥善处理，他可能会在网络上随意发帖。不管最后问题查清楚了，是企业的问题还是其他的问题，对企业声誉的损害都会即刻形成。有经验的销售人在碰到问题的时候，应该跟客户表达善意，解决问题。

当然对于客户正常的抱怨，如果在前端的客服人员不是抱着“以客为尊”的想法，不用安抚的方式而是采用硬性对抗的方式，则很容易造成摩擦。有经验的企业总是制定解决客户摩擦的流程，伤害顾客自尊心的话是禁止说的，在处理客户摩擦的时候，任何侵犯性的语言都是对企业商业价值的伤害。而客服人员恶语相向很可能会让企业上某些网站的头条。所以处理摩擦必须小心，在这方面需要经过专业的培训，企业内部应该有这种应对危机的意识。

企业面对大客户的时候，也一定会产生摩擦，一些对分销渠道依赖性很强的产品，渠道商就是自己的直接客户，消费者管理和渠道商管理是不一样的，渠道之间的竞争是激烈的。这也是最容易出现利益摩擦的环节，很多企业对于代理商和经销商都有严格的规定，但是渠道倾轧现象还是非常普遍，电子商务的发展加速了传统渠道商和网络渠道的冲突，企业处理与这些顾客的关系成为非常重要的任务，如果处理不好，甚至能够引起营销系统的崩溃。

A 品牌企业是知名膨化食品制造商，几年前就遇到过这样的问题。江西和福建两省的代理商到企业告状，说浙江代理商在这两个省低价发了大量的货。这对于当地几个地区的销售产生了很大的影响，面对代理商之间的战争，A 企业马上表态一定要妥善解决问题。

原来，浙江总代理是该品牌的销售大户，有一段时间，该代理商为谋取年底丰厚的扣点返利，而自恃自己在 A 品牌销售体系中的销售地位及预期利润回报，开始以低价向邻近省市窜货，给相邻的经销商带来了很大的损失。他们发现问题以后，马上就到企业总部报告，责成企业解决问题。

A 品牌派出了工作人员对窜货问题进行了调查，评估了窜货的规模，然后为了安抚江西福建总代理，对浙江经销商果断采取了断货的措施。除此之外，还以年终扣点向浙江分销商提出了严厉的警告。

浙江总代理没想到 A 品牌会动真格的，他自恃是企业最大的经销商，本来想企业会对他网开一面，但是断货一下子就引起了下游客户的反弹，这些拿不到货的下游客户都从其他品牌处进货填补真空，该分销商眼见自己的大批下游客户因拿不到货倒戈相向、另投明主，迫于内外交困的情况，迅速恢复了正常的区域分销及价格体系。而 A 品牌为了保证其他客户的利益，承诺承担因窜货而导致的损失，有效防止了客户的流失。终于一场三省窜货大战就此结束，A品牌的营销体系从此又恢复了平静。

窜货是渠道体系中一个顽症，很多企业都吃过这个亏。消费者容易被安抚，但是一些大客户就难以掌控了。窜货问题导致客户无利可图，企业应迅速解决。必须在开始的时候就要重视起来，如果任其蔓延，短期就可能造成市场混乱。

一线的销售人需要在市场上进行巡查，一旦发现窜货迹象，要及时向企业反映，以争取充足的时间来采取措施控制窜货的发生，从而降低经营风险。因为，在很多情况下，猖獗的窜货往往致使客户无利可图，最后客户才无奈放弃产品经营远离企业而去。在处理这个问题的过程中肯定会发生一些摩擦，但对于这样的问题，企业需要有原则且以和为贵的方式解决问题，杜绝这样的事情在市场上发生。

4. 定期展开客户满意度调查

聪明的企业不会冷对客户的抱怨，因为这正是测试企业市场有效性的良机。顾客永远是沉默的大多数，对于购买一个产品，好不好用，他也不会说什么。其实对于企业来说，这就失去了改进自己产品的机会。而企业失去的机会，竞争对手可能就改进了，市场竞争就是这样，一刻都不会静止。

如果把客户的抱怨当成是一个市场满意度的调查，结果则完全不一样了，我们知道，95%甚至99%的不满意客户是不会投诉的，仅仅是停止购买，所以最好的方法是要方便客户投诉。一个以客户为中心的企业，应为其客户投诉和提建议提供方便。

企业在营销活动中，必须了解客户的真实想法。其实，想获得客户真实的想法很不容易，比如传统的调查方法是设计好表格去询问顾客，问完之后给一个小礼品，而这样的活动很容易就会陷入形式主义，委托第三方来做客户调查也不行。顾客有时候会故意隐藏自己的观点，他们可能会觉得将企业的产品说得一无是处是对调查者的不敬。总之，通过少数调查表得出的结论，有时候还不如企业管理者的管理直觉。

既然如此，为什么我们还要进行客户满意度调查呢？其实，调查不是为了弥补过去，过去无法弥补，而是为了创造未来。在做调查的时候，要在启发客户说出他们内心期望的产品到底是什么样子的。在这种市场关于满意度的调查中，可以发现顾客消费行为的变化，以及顾客整个生活方式。

一些研究表明，客户每四次购买中会有一次不满意，而只有5%的不满意客户会抱怨，大多数客户会少买或转向其他企业。所以，企业不能以抱怨水平来衡量客户满意度。满意度对于企业而言能起到鼓励信心的作用，这代表了产品在当下的市场中的受欢迎程度。改善客户满意度的努力则需要改进企业所有服务的环境，这需要企业营销管理做全面的提升。

销售人在调查中得到满意度的数据，这些在企业战略层面上没有多大的用处，管理层想到的都是如何应对未来的市场。那么我们如何才能够找到比较迅捷的方式去了解的客户呢？从几个方面入手，就能够获得比较好的调查结果。

首先，客户满意度调查离不开互联网，现在大多数企业的产品在互联网中都有销售，因为大家无法忽视这个重要的渠道，电子商务对于一些企业的最大价值也许不是能够赚多少钱，在自己的销售体系中占据多大的份额，而是在购物以后，消费者能够对产品做出评价。销售人和企业管理者可以到一些大的电商平台去看一下顾客对自己的产品的评价。这些没有经过人为操作的数据和文字记录能够反映市场的真实评价。

销售人在分析这些评价的时候，就能发现客户不满意的地方在哪里。这些记录被分析以后，马上就能够对现有的业务进行改进。消费者在网络购物的过程中，面对的是一个理性的销售系统，没有销售人员站在旁边，这样他们就能够根据自己的真实感觉做出评价，不太受环境暗示的影响，所以网络评价还是真实可信的。

京东商城的刘强东最常做的工作就是坐在电脑前面，看客户对京东服务的满意度和抱怨，就是客户的抱怨，让他下定决心发展高效的物流系统。

企业的常规调查表还是要做，最好的方式就是在消费者比较放松的情况下，来做一些关于满意度的调查。企业通过定期调查，直接测定客户满意状况。它们在现有的客户中随机抽取样本，向其发送问卷或打电话咨询，以了解客户对公司业绩各方面的印象。

企业可以通过电话向最近的买主询问他们的满意度是多少，测试可以分为：高度满意；一般满意；无意见；有些不满意；极不满意。在收集有关客户满意度的信息时，询问一些其他问题以了解客户是否再购买的意图将是十分有利的。对于企业而言，仅仅得到从满意到不满意的中间数据是没有什么意义的，最终，调查的过程是为了找到为企业创造更高效益的机会。

企业必须要懂消费者，定期和顾客互动，对客户的满意度进行调查，这其实也是学着去懂消费者的过程。弄懂了他们要什么，才能够创造出符合他们口味的体验。如果我们做对了，一般而言，客户越是满意，再购买的可能性就越高，衡量客户是否愿意向其他人推荐本公司及其产品也是很有用的。好的口碑意味着企业创造了高的客户满意度，了解了客户的不满意所在才能更好地改进，赢得客户的满意，防止老客户的流失。

5. 不要忘记那些琐碎的服务

服务不是完整的工作，服务是细碎的，正如保姆的工作一样，要适应雇主整个生活方式，而不是只帮助雇主洗衣做饭而已。理解了这一点，也就能够看到制造业企业向服务业转型的过程是多么的艰难。服务随时随地都跟着客户走，但是生产其实是一个标准的技术体系。一个动态的，一个是相对静态的。

服务是一件一件小事构成的，这当中都是人与人之间的互动，这注定了服务客户的过程是琐碎的，服务即使有标准，也不能够完全量化，服务客户需要具有足够的灵活性。

对于大部分销售人而言，当然知道这是个常识，我们服务于几个大客户，每一个人的做事风格都不一样，在服务他们的时候，也就会有不同的服务方式。比如一个客户不喜欢自己的私生活受到打扰，也就会拒绝跟你在私下场合会面。这样的服务就需要很专业，需要能够向客户提供很好的解决方案。在面对大客户的时候，我们很可能会遇到这样的人，因为大企业有内部规定，采购部门和销售人之间有私人交际行为需要得到批准。

而有些客户，他们性格开朗，希望你能够跟他混在一起，该做事的时候认真做事，其他的时间可以一起去玩，胡吃海喝，放歌旅行。销售人需要适应客户不同的风格，适应他们的工作风格和生活风格。其实要真的做好还是很难，因为两个企业的合作过程中出现的问题就够多的了，让销售人去分心处理服务问题，则很可能带来工作的低效。

在国际国内一些大的广告公司和广告主之间，就有一个专职的客户专员。在签单以后，广告公司会派一个专员来处理和客户的关系。广告传播的工作方案都是在两家专业力量互动的基础上拿出来的，从合作签单之后才真正开始服务的过程。

广告业的客服专员需要对客户公司的发展战略、产品战略以及经营层面上的事情都要了解，这样才能够完成前期的沟通；客服专员还需要了解广告主的意图，聆听广告主的要求，还要和客户一起进入客户的产品销售一线去了解消费者，和消费者在一起讨论他们自己的生活。客服专员了解了客户的需求之后，又将这种客户意见拿回到公司，然后跟策划总监和设计总监去谈广告的创作，形成方案以后，提交给广告主。然后组织两家的人马进行讨论，对其中的不同观点进行协调，组织设计师和策划人进行讲稿。讨论以后，还要组织好两队人之间的交流。广告业是年轻人居多的职业，可能晚间还要到酒吧等地方开心放松。这就是一个职业客服销售人的工作内容，大体上就在这样的工作中周而复始。

对于很多服务业的销售人，需要一种职业精神在里面，如果没有对工作的热情，这样的细碎工作做到位则很不容易。销售人在这样的工作中，需要一套更加主动的工作方法，这些工作方法不仅仅关注客户企业的事情，而且要关注客户企业中的合作者，甚至要关注他们内心和生活状态。只有了解他们，才能够做出超出他们期望的服务。

销售人变成服务者的过程，就面临着角色的转变，一线的销售人不是跟经销商搞好关系就到位了，这仅仅是企业希望得到的服务。销售人现在面对的是碎片化的市场，开拓客户的时候不要指望一下子就能够打开一大片市场，客户对待服务质量的要求已经大大提高了，现在，销售前沿一直在做一种服务深耕和渠道精深。

比如某个住宅小区几乎98%的住户都使用TCL的家电产品。这就是渠道精耕所达到的效果，需要前沿销售人有比较强的服务意识，并且具有在一线深耕的技术技巧，能够让整个社区产生对品牌的认同。产品在社区中产生“品牌口碑”，这需要更加细致的工作。

家电行业公司纷纷打出“24小时上门服务”的口号以吸引消费者，就是企业营销升级到服务的一种做法。

价格竞争在很多制造业企业中还是占有重要地位，但是如果价格相差不大的情况下，只能靠差别化的服务来创造竞争优势。服务的过程是一个细节的过程，服务人员进入家庭进行维修，自己带鞋套，帮助顾客修完之后还将家里的垃圾处理掉，另外在维护客户关系的过程中，通过相互沟通，也就创造了很好的售后体验。完善的服务体系可以在很大程度上吸引客户，同时形成无形的“口碑”和广告效应。客户会把他的“满意”一传十、十传百地传递给他的亲朋好友和邻居，从而使公司业务在无形中得到拓展。

6. 只要处理得当，投诉也能带来好口碑

销售人是做客户关系的，客户关系的做法有很多种，“一对一”的客户关系需要自己亲自维护，“一对多”的客户关系维护就需要借助一些媒体传播工具，来高效应答客户需求。

企业的营销不再依赖于原来一个省级总代理的渠道能力，尽管渠道依然为王，占有渠道是个很大的优势，但是产品在渠道中，并不等于受到顾客的真正喜爱，渠道是一种推送能力，产品最终还是要在消费者消费的过程中，产生终端的拉力。企业营销的重心已经下沉了，开始从渠道营销转移到消费者关系的管理。

消费者关系管理在宏观上是一种公关行为，广告营销现在发挥的效能在递减，企业现在需要跟顾客展开更近距离的互动。这些互动能够产生比较好的口碑效应，消费者之间的认同

远远超越企业对消费者的影响。这些新的传播方式，代表了营销行业的新变革。

以前，消费者是独立的，一个一个分列在不同的格子里，但在网络社会中，人与人的距离被空前拉近了。这种距离的消失，使得消费者连成了一体。所以销售人不能开罪消费者，这已经是网络时代的一个规则。

很多客户的投诉都要妥善处理，有些很简单，能够现场就解决了，有些问题处理起来则费时费力，但是企业不要默默去做这样的事情，既然企业已经为这个客户花了钱，那么就需要服务好，将这样的案例作为一个范本，成为企业故事，相反能够得到顾客的谅解和信任。

海尔公司张瑞敏砸冰箱的事情其实就是客户投诉引发的，这个故事已经流传了 20 多年，大家一提到海尔，就联想起海尔因为质量不好砸冰箱的事情。人们没有因为冰箱质量问题向海尔发难，而是记住了海尔对于冰箱质量的坚持。这其实是中国最好的公关策略应用之一，虽然是个很老的故事，但这样的故事却是企业花一个亿做广告费，也许也达不到的效果。

消费者能够记住企业的信息有限，我们不能让负面的信息占据消费者的心智，这是营销工作必须要面对的事情，面对顾客的投诉，如何将这样不算好的事情变成好的事情，这正是企业营销人需要策划的地方。

海尔在砸完自己的冰箱之后，没有停留在原地，而是真正地将质量问题作为企业的生存之本来对待，这当然是一种态度，这种态度也能够影响顾客。IBM 前业务代表戴维斯从竞争力角度指出："销售的独门诀窍就是在顾客所想和销售所听之间建立起持续的沟通渠道。如果你持续跟进了解顾客想要什么，不想要什么，哪些能取悦他们，哪些会让他们觉得很恼火，你就能相应地调整自己的视野，从而总是领先对手一步。"

如果将客户投诉转化为企业的口碑，这在全世界的经营案例中并不新鲜。对于一些战略营销人，需要深入理解"投诉是一种机遇"这一战略思想，首先我们必须明白投诉是什么。简单讲，投诉就是讲述没有得到满足的期望，更重要的是，它们还是企业重建与顾客友好关系的机会。

处理投诉的时候，对于企业来说也是加强企业内部管理的良机，投诉透露顾客需求，顾客的投诉能告诉机构如何改进产品和服务，进而帮助机构保持市场份额。客户投诉的过程完全可以变成顾客参与到企业中，跟企业一起参加创造的过程。在网络时代，这些投诉者可以被整合进自己的网络社区中，比如一个官方的微信就能够容纳数万顾客，这些顾客的意见汇总以后，将成为企业再发展不可缺少的决策依据。投诉是最廉价的市场研究工具之一，投诉是企业了解顾客对自身产品和服务期望值最物美价廉的方式。

如果公司为顾客的投诉提供方便，并且妥善处理投诉，就能产生良好的口碑。看过网上的那些投诉你就会发现，几乎所有的公司都遭到过恶劣对待。如果公司不倾听投诉，顾客就会寻找其他听众倾诉，那样公司就失去了改善的机会。如果处理得当，投诉能够成为好口碑的源泉。所以，企业应该花些时间上网阅读那些博主和回帖人的服务体验。如果不去看的话，企业领导层永远也不知道自己的客户被代理商们和一线客户不公平对待。

对大多数公司而言，有三分之二的销售额来自已有顾客和回头客。投诉能够建立更牢靠的关系，忠实的顾客并不容易培养。大量统计数据显示，如果顾客认为他们的投诉得到了重视和回复，那么这些人就可能成为你的回头客。此外，长期顾客不仅更容易接受你的产品，也更容易接受你的服务，因为他们知道如何能够满足自己的需求。

在网络时代，企业越来越人格化，这就要求企业变成一个温和有趣的好朋友，能够友好地对待顾客。

在对外传播中，处理投诉要变成一个带有感性的故事，不要机械式的冰冷反应。企业不要表现得很理性，很理性的态度只适合在制造产品的过程中，在营销领域，一切对客户的表达都需要一种温柔感性的面纱。